道氏理论实战技法

RSI(9, 9, 9) RSI7:45.760 RSI1:45.760 RSI13:45.760

赵信 著

15:00 14:30 14:00 13:30 13:00 11:00 10:30 10:00 15:00

经济管理出版社

ECONOMY & MANAGEMENT PUBLISHING HOUSE

图书在版编目（CIP）数据

道氏理论实战技法/赵信著. —北京：经济管理出版社，2016.1
ISBN 978-7-5096-4077-7

Ⅰ.①道… Ⅱ.①赵… Ⅲ.①股票投资—研究 Ⅳ.①F830.91

中国版本图书馆 CIP 数据核字（2015）第 274990 号

组稿编辑：勇　生
责任编辑：勇　生　王　聪
责任印制：黄章平
责任校对：车立佳

出版发行：经济管理出版社
　　　　　（北京市海淀区北蜂窝 8 号中雅大厦 A 座 11 层　100038）
网　　址：www. E-mp. com. cn
电　　话：(010) 51915602
印　　刷：三河市延风印装有限公司
经　　销：新华书店
开　　本：720mm × 1000mm/16
印　　张：17.5
字　　数：210 千字
版　　次：2016 年 1 月第 1 版　2016 年 1 月第 1 次印刷
书　　号：ISBN 978-7-5096-4077-7
定　　价：48.00 元

前　言

　　很多人都希望自己能一夕暴富，并孜孜不倦地追求着这个目标，但是，姑且不论世上根本没有这样的方法、绝招，即便是有，如果大家都用同一个或一种方法进行投资，市场中的这种相互模仿相互跟风的行为就很容易出现投机行为，进而导致市场崩溃。

　　而真正聪明的投资者的行为必须是个性化的，是依照自己的投资理念进行投资的。初入股市的投资者如果从一开始就接受道氏理论的指引，树立正确的投资理念，一定大有益处。

　　作为技术分析中最重要的理论，道氏理论对广大投资者的意义不容小觑。虽然精通这套理论并不代表投资股票一定会发达，但是却可以预见股市的升跌，大大增加投资的胜算。在技术分析中，判断股指的运行趋势和投资者中长期获利的多少息息相关。能够顺势而为，在大的趋势上把握股指的运行规律，是投资者能否长期获利的关键。而道氏理论就为我们提供了这样一个判断股指运行趋势的重要手段。投资者运用道氏理论可以发现真正的中长期趋势，又可以对期间的折返走势做出及时反应。在中长线操作股指过程中，关注反向折返走势，顺势操作，就能获得真正的收益。

　　本书对道氏理论的基本原则和内容进行了阐述，并配以图表解释了道氏理论。而且重点说明趋势线和通道线在道氏理论中的应用，同时也详细讲解了折返走势、波浪理论等，帮投资者为真正的获利做好

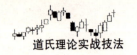

准备。

只要你学习到道氏理论的精髓，就可以看清市场的真相，把握股市的基本韵律，这样不仅可以真正精通技术分析，而且还可以发展技术分析，在把握市场机会的同时规避市场风险。在股市里，认识并且深入地认识道氏理论，是每一个成功投资者必备的条件。本书对道氏理论做了全面的探讨，以最直白的文笔做出解析，是每一个股票投资者应该参看的书籍。

作者擅长资金管控、筛选翻倍股票、道氏波浪技术、位置价格技术，中长线翻倍股票项目为主，超短线项目为辅。作者QQ：963613995，手机：15201402522。

目 录

　　道氏理论是股票技术分析的鼻祖。在实战中虽然该理论也曾遭受过很多非议，因其不够准确、反应迟缓、不能指导个股的走势而备受苛责，但多年的实践证明，道氏理论从股市基本的运行趋势出发，为投资者理解股指的基本走势、在股市中顺势操作股票提供了很大的帮助。道氏理论所说的股市的基本运行趋势是技术分析的产物。此分析手段得到了市场的充分认证。此理论根据价格运行的规律研究不同趋势，帮助投资者把握真正趋势中的投资机会。

　　本章从道氏理论的基本假设说起。对道氏理论的三种趋势及道氏理论的主要走势——做出详细说明，帮助投资者初步理解该理论的内涵，把握股指运行基本趋势，为今后的获利做好准备。

　　道氏理论之所以会成为所有市场技术研究的鼻祖，是有非常重要的原因的。其中，该理论的五条十分重要的原则是不得不说的。相互验证原则，表明道氏理论趋势的确立需要两种看涨或看跌的信号同步出现，才可以确立股价的涨跌趋势。量能配合原则，说的是趋势的确立需要成交量呈现出相应的缩放来配合。"横向调整"可以代替次等趋势原则，是说股价长期横盘调整的过程中，其实已经取代了次级调整的走势。这样，股价就会继续延续前期的大趋

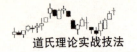

势。投资者根据这个采取相应的买卖操作，是不会有错的。收盘价原则，说的是趋势的真正转变是需要收盘价格来确定的。而在收盘价格确定的情况下，反转信号若同步形成的话，预示着趋势已在不知不觉中形成了。投资者在这个时候采取相应的操作，是能够轻松获利的。反转信号确立趋势原则，是说投资者要想改变操作方向，一定要等到反转信号出现之后采取行动，只有这样才不至于在错误的价位上采取错误的操作。

原则虽然看似十分简单，却是道氏理论成立的重要条件，结合本章所介绍的重要实例，投资者能够轻松获得相应的利润。

第三章　道氏理论的趋势线分析 ………………………… 053

趋势线是由不同价格的两个支撑点或压力点相连构成的。在相对较大的牛市行情中，很容易就可以发现组成长期牛市行情的中级行情。中级行情之间会有逐步回升的底部，连接不同的底部价位就形成了牛市行情的上涨趋势线。但若中级行情也分为几段比较小的行情的话，把最先出现的两段小行情的底部价位连接便可以形成中期行情的趋势线。更小的短期行情的趋势线同样能够用这种方法画出来。

第四章　道氏理论的通道线分析 ………………………… 087

股价在运行过程中，沿着一定的趋势会形成价格波动的区间。在价格区间范围内，投资者如果想要获利的话，还是有非常多的机会的。价格波动的一定范围内，即为股价运行的通道线。分析股价的波动范围，对于投资者判断股价的真正趋势十分有利。通道线的走向和涨幅的高低的判断，有助于投资者测量股价的运行目标、判断加仓和减仓的机会，进而获得相应的回报。本章通过四部分内容说明通道线和股价的运行目标、斜率与趋势大小以及反弹加仓和回落减仓的操作方法。

第五章　道氏理论折返走势的黄金分割线分析 ……………… 113

道氏理论里说的主要趋势、次级折返的走势都可以提前预期股价涨跌变化的反转点。而利用黄金分割率来勾画出相应的压力与支撑预期出现的点位，对于投资者提前判断买卖机会非常有利。从指数走势到个股的涨跌变化，从主要的多头趋势、空头趋势到折返走势、次级折返走势，都会出现在黄金分割位置上相应的调整情况。为抓住最佳买卖机会，投资者可以提前画出相应的点位，并根据将要出现的反转信号做出相应的买卖操作。

本章主要向投资者介绍黄金分割在股价运行趋势转变中的运用。相信投资者通过学习，一定可以掌握股价运行中反转信号变化的过程，把握住最佳的买卖时机。

第六章　道氏理论折返走势的百分比线分析 ……………… 143

百分比线在划分股价波动范围时，运用得也十分广泛。和黄金分割点相似，股价会在百分比线附近出现相应的调整走势。就这一点来说，投资者就应把重点放在百分比线的调整走势中，并进行相应的短线调仓操作，才可以更好地适应短线股价走势的变化和主要的运行趋势的发展。

本章重点介绍百分比线中的筷子线的作用、百分比线和黄金分割线之间的关系以及百分比线与波浪理论中股价波动的关系。并从实战的角度帮投资者理解百分比线在主要多头行情和空头行情中的运行方法、获利途径。

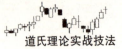
第七章　窄幅波动分析法 ························· 173

　　窄幅波动常常表现为一个长时期价格波动的水平走廊。通常情况下，市场在相当一部分的时期内会处于窄幅盘整区里。一旦盘整区形成，它的高边与底边可用来界定支撑区与阻力区。盘整区有时会持续数年。

第八章　波浪图分析 ··························· 191

　　美国的拉尔夫·纳尔逊·艾略特是波浪理论的创始人。他认为，人类行为在某种意义上是可认知的形态，并且将当时的道琼斯工业指数作为研究对象，发现了股价的变化形态具有某种和谐之美。艾略特与道氏理论相结合提出了一套股市分析理论，总结出股价呈现波浪变化的趋势，这个趋势不只是一种价格的运动趋势，更是一种大众心理变化的趋势。本章会从波浪理论的角度来重点分析股价在主要趋势中的走向，帮助投资者获得相应的投资机会。

第九章　道氏理论的致命缺陷 ··················· 223

　　道氏理论虽说十分重要，对于投资者把握指数运行的大趋势十分有利，但仍然存在着很大的缺陷，不能被轻易地克服。投资者在使用道氏理论的时候，应该注意这些理论方面的不足之处，以便及时采取相应的应对措施。在实战应用时，道氏理论只可以指导投资者中长期的走势，对短线股价的走势是无能为力的。这也是为什么道氏理论无法指导投资者买卖个股的原因之一。等到道氏理论发出新的长期趋势的信号时，买卖机会也已经过去了。道氏理论反映了基本的运行趋势，调整市场当中获利是十分困难的。最初道氏理论被用来判断指数的走势，这也限制了投资者在个股走势中运用道氏理论获利的操作。

本书详细讲解了道氏理论的来龙去脉，理论内容、假设、理论特色与应用范围，以及怎样让投资者提高投资胜算、减低损失的机会等内容。如果你之前对道氏理论没有什么认识的话，那么现在看完这本书，你的投资眼界，你对股票市场投资的思维空间一定会开阔多了。

第一章　道氏理论精解

道氏理论是股票技术分析的鼻祖。在实战中虽然该理论也曾遭受过很多非议，因其不够准确、反应迟缓、不能指导个股的走势而备受苛责，但多年的实践证明，道氏理论从股市基本的运行趋势出发，为投资者理解股指的基本走势、在股市中顺势操作股票提供了很大的帮助。道氏理论所说的股市的基本运行趋势是技术分析的产物。此分析手段得到了市场的充分认证。此理论根据价格运行的规律研究不同趋势，帮助投资者把握真正趋势中的投资机会。

本章从道氏理论的基本假设说起。对道氏理论的三种趋势及道氏理论的主要走势一一做出详细说明，帮助投资者初步理解该理论的内涵，把握股指运行基本趋势，为今后的获利做好准备。

一、道氏理论的基本假设

道氏理论成立的基础，是三个十分重要的基本假设。没有这三个基本假设，道氏理论是不可能成立的。

1. 人为操作

指数和个股的短线走势是非常容易受到人为操作的。股市中充斥

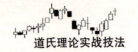

着各种消息，投资者对于消息的不同反应都能影响指数和股价的变动方向，出现有悖于长期趋势的走势。但指数的主要运行趋势是不会受到任何影响的。主力资金因为资金量比较大，有可能影响个股的短期走向。而指数和个股的长期走势是不会发生变化的。只要经济实体的运行态势良好，指数的长期回升趋势会延续。而个股对应的上市公司业绩持续向好的时候，股价长期运行趋势同样也不会发生变化。

2. 市场指数反映每一条信息

对于可以影响到股市的不同投资者，他们所希望看到的股价波动趋势、对股市的认识和买卖股票的各种情绪，会全部反映到指数走势中。也就是说，上证指数、深证成指或是其他指数的走向，已基本上反映了人们对股市的影响。正是由于指数反映信息的全面性，才可以在一定程度上预测未来事件对股市的影响。即使出现了突发事件，比如战争、自然灾害、山洪及地震等，指数也会快速出现相应的反应。

实战中，股票价格反映的是全部投资者对指数和各个预期走势做出的反应。对于每一个投资者来说，指数的走势总是不那么尽如人意。指数并不是某一个投资者或主力参与的结果。全面反映每条可以影响股市的信息，才有了指数运行趋势的难以理解的性质。

3. 道氏理论是客观化的分析理论

道氏理论是客观化的分析理论，成功运用此理论前，应深入研究并且理性判断才行。主观臆断的时候，道氏理论总会犯下一些错误，造成投资损失不断地出现。股市中可以持续获得投资收益的投资者还是比较少的，只占全部投资者的10%，剩余的90%中，绝大部分处于亏损状态，所以会有"一赚两平七赔"的说法。使用道氏理论，并客观判断指数运行趋势的投资者，才能获得相应的回报。

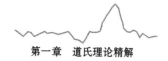

二、道氏理论的三种趋势

　　道氏理论所讲的趋势包括三种：短期趋势、中期趋势与长期趋势。三种不同的趋势中，持续时间是不一样的。投资者操作股票或是寻找买卖时机的时候，都一定要按照一定阶段的趋势来做，这样才能顺势而为，使资金运用效率达到最大化。短线操作的时候，无论股价中长期变化如何，应在短线中寻找买卖机会。而长线持股或空仓的情况下，主要的趋势未发生改变之前，投资者不宜做出任何操作。在趋势出现反转信号的时候再考虑相应的操作，才可以尽可能地获利。

　　1. 短期趋势

　　指数的短期趋势十分难以预测，但却是短线投资者获得利润的好时机。短时间内波动的指数，运行空间比较大的情况下，可以反映在个股当中翻倍的波动空间。投资者从技术上分析短线股价的走向，如果可以成功把握住短线牛股的话，一定可以获得丰厚的利润。但是，短线运行趋势瞬息万变，投资利润丰厚的情况下，短线买卖股票的风险也是十分高的。怎样才可以在控制风险的情况下提高获利能力，是摆在每一个投资者面前的难题。从持续时间来看，短期趋势只能持续几天或者几个星期。若真的有利润的话，投资者一定要将获利效率提高到一个十分高的水平才行。

　　2. 中期趋势

　　对于长期趋势来说，指数运行的中期趋势显然是次要的。但是，次要的中期趋势波动空间与持续时间是比较长的。中期趋势持续的时间可能是几个星期或是几个月，比短期趋势的持续时间要长得多。中

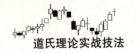

期趋势只要一出现，很多时候是和长期趋势相反的。正因为如此，中期趋势才可以经常被投资者当作长期趋势反转的信号来看待。相当于长期趋势出现假突破的中期趋势，总能迷惑一部分投资者。要想在长期趋势中获利，投资者一定要明白中期趋势在长期趋势当中的位置。关注指数长期走势的情况下，看一下中期趋势的走势，才可以获得像样的利润。

3. 长期趋势

长期趋势是最重要的趋势。投资者获利的根本是掌握指数运行的长期趋势。中短期趋势虽然重要，却没有长期趋势大。投资者只有明确中短期趋势在长期趋势中的位置，并结合长期走势来分析短期走势的买卖机会，才能更好地获得相应的回报。

短期趋势、中期趋势和长期趋势对投资者的意义都是十分大的。中短期的指数走势可能持续时间短，变动幅度也不会很大，却可以提供给投资者短线获利的机会。即使是打算长期获利的投资者，也能利用短线运行的指数的买卖机会来操作股票，获得最佳的买卖点来提高获利水平。而中线运行的指数成为次级折返的情况的话，投资者可以在这个阶段进行操作。若中期的次级折返走势比较强，涨幅比较大的话，投资者获利水平并不会少。由此可见，短期、中期和长期的指数运行趋势对投资者的作用都是十分大的。把握好每一个趋势，投资者都可以获得较好的买卖机会。

上证指数年 K 线——主要趋势如图 1-1 所示。

如图 1-1 所示，是上证指数的年 K 线，之所以看年 K 线，是为了方便我们判断指数的长期趋势。因为长期趋势持续时间都是以年来计算的，图 1-1 所示的熊市行情就是持续五年之久的长期趋势。而之后的持续两年的牛市，就是长期的牛市行情。两者的方向不同，但都是长期趋势。投资者想要获利的话，可以在这样的长期趋势中判断。长

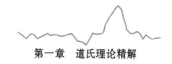

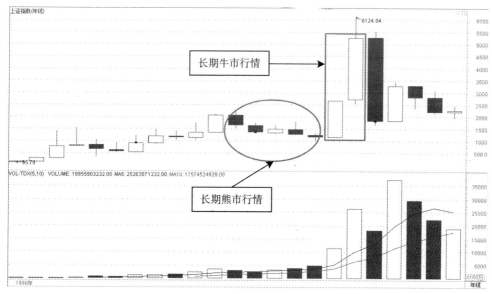

图 1-1 上证指数年 K 线——主要趋势

期大牛市或熊市行情中，运行趋势并不是短时间内形成的。若没有明显的趋势转变的信号，投资者采取相应的操作还是可以抓住趋势，做到顺势而为的。

上证指数月 K 线——中期趋势如图 1-2 所示。

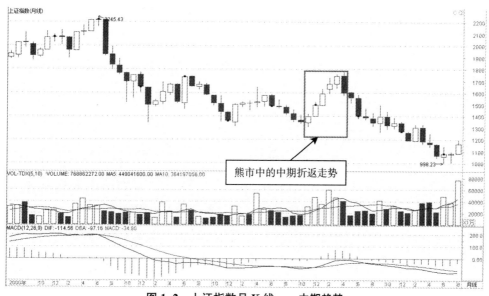

图 1-2 上证指数月 K 线——中期趋势

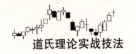

如图 1-2 所示，上证指数的月 K 线当中，股指在长期熊市中不断持续的时候，期间出现了不少中期调整的情况。其中，如图 1-2 所示的位置出现的长达 5 个月的放量反弹，显然是投资者中线操作的机会。但中线指数回升幅度虽然比较大，长期的下跌趋势却并没有发生根本的改变。从操作上看，这个中期调整的趋势也许可以提供不错的盈利机会，更重要的还是减仓出货的机会。长期回落的熊市还将延续，控制仓位在底部才可以轻松降低风险。

上证指数周 K 线——短期趋势如图 1-3 所示。

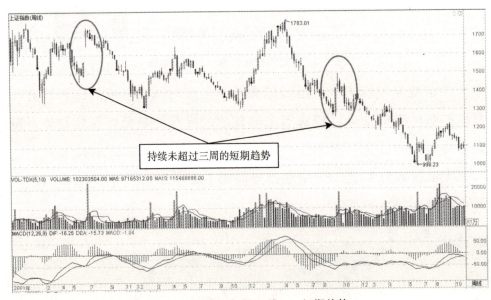

图 1-3　上证指数周 K 线——短期趋势

如图 1-3 所示，上证指数的周 K 线中，指数持续回落的大趋势明显是在延续当中。长期趋势是熊市，而中期趋势是持续几个月的反弹走势。那么短期趋势就是图中所示的持续不足三周的反弹行情。股指反弹幅度虽然比较大，持续的时间却十分短暂，不足以改变熊市长期走势。判断熊市中的短期走势，时间长短是很重要的一环。

江苏三友月 K 线——主要趋势如图 1-4 所示。

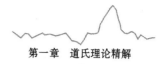

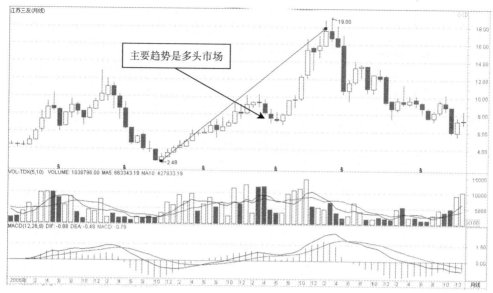

图1-4　江苏三友月K线——主要趋势

如图1-4所示，江苏三友的月K线中，股价的反转趋势还是十分强的。股价在长时间来看，显然是牛市大行情。在长时间的牛市中，虽然也曾出现过短线调整，也有中线的调整情况出现，但股价的上升势头并没有发生根本变化。牛市行情持续了28个月后，股价才出现明显的转向信号。从操作上来看，投资者应该把握住大趋势，不断地持股看涨，一定可以在长期内获得较高的投资回报。

江苏三友日K线——中期趋势如图1-5所示。

如图1-5所示，江苏三友的日K线当中，股价的中期调整出现在了图中所示的位置。股价大幅度上涨过程中，中期调整达四个多月的时间，却仍然没有真正改变股价的长期牛市走向。也许有的持股投资者还对持续四个月的调整心有余悸而不敢再次看涨，但是这种中期较大跌幅的调整对长期牛市来说显然要小得多。

江苏三友日K线——短期趋势如图1-6所示。

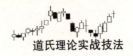

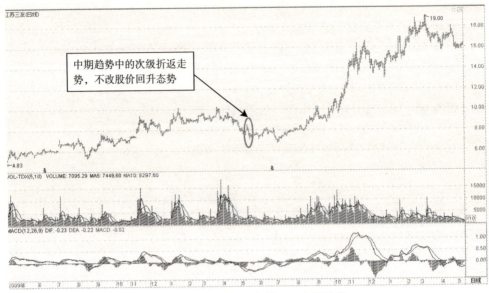

中期趋势中的次级折返走势，不改股价回升态势

图1-5 江苏三友日K线——中期趋势

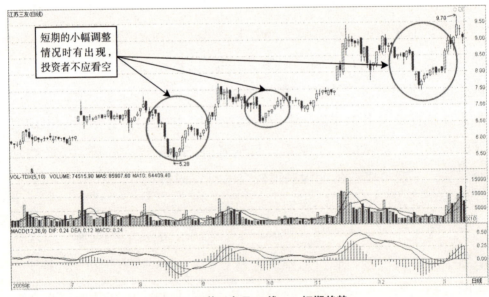

短期的小幅调整情况时有出现，投资者不应看空

图1-6 江苏三友日K线——短期趋势

如图1-6所示，江苏三友的日K线当中，短线的调整力度十分大，股价下跌的幅度也比较深。但每次下跌后，股价总能反转向上，重新进入长期牛市行情中。好像是庄家有意给散户挖坑，股价短线大

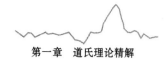

幅度下挫后迅速调整至牛市中。操作上把握这样的买点，自然能继续获得相应的回报了。

江苏三友日 K 线——中期趋势如图 1-7 所示。

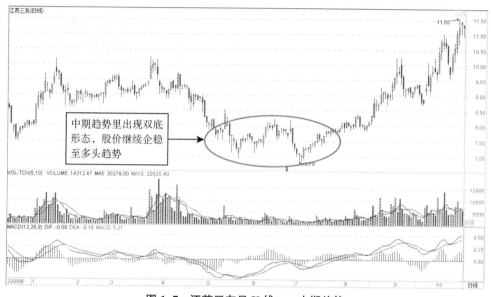

图 1-7 江苏三友日 K 线——中期趋势

如图 1-7 所示，江苏三友的日 K 线中，股价持续四个月的中期调整，虽然没能改变长期的牛市大行情，却给投资者带来了极大的麻烦。股价深度调整过程中，恐怕没有几个投资者可以发现这是一个中期调整。中期调整的情况结束前，股价显然已经出现了十分明确的双底形态。这说明，投资者在操作上只要部分资金减仓，然后在股价双底企稳时再次加仓，后市才可以轻松获利。

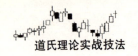

三、道氏理论的主要走势

道氏理论认为，股市的主要走势是多头市场或是空头市场，这两种走势的划分其实并不难理解。主要趋势持续时间常常达一年以上。在数年内都是同一种主要趋势的情况也十分常见。既然主要趋势持续时间长，作用效果更是惊人，准确判断主要趋势与投资者的获利水平息息相关。可以准确判断主要趋势的投资者，获得的利润总是十分高的。

股市中，无论投资者做长线投资还是中短线的买卖操作，要想真正获得高额的回报，一定要把握住股价的长期趋势。股指中短期的走势一定会在长期运行趋势中出现。阻碍股指长期运行趋势延续的中短期趋势是不容易成为真正的趋势的。只有长期趋势才是真正的大趋势。要想真正获利，一定要在长期多头市场操作股票才行。即便短线出现了调整或次级折返的走势，主要的多头市场不会轻易改变方向。买在高位也不一定会出现损失，这就是主要多头市场强大的地方。

在主要多头市场中持股容易获利，而在主要的空头市场中，投资者要想减少风险的话，经常性持股显然不是理智的做法。下跌趋势在长时间里延续下来，虽然股指也会出现较大的反弹情况，却是减仓或短线操作的机会。一旦仓位过大，股指继续转为跌势的时候，损失就马上降临。从顺势操作的角度来看，采取熊市当中操作股票的做法是得不偿失的。主要的空头市场中也会出现次级折返的情况，下跌趋势却不会因此出现改观。投资者即便再想赚取利润，也要首先注意防范下跌风险。

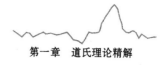

上证指数月 K 线——长期趋势如图 1-8 所示。

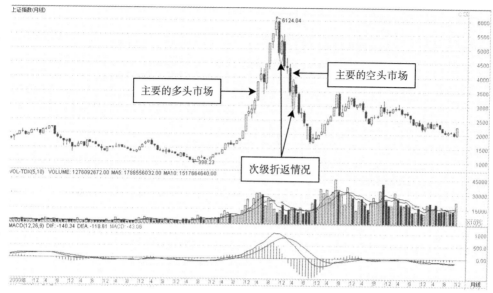

图1-8 上证指数月 K 线——长期趋势

图 1-8 所示为上证指数的月 K 线，从此指数的运行趋势来看，经历了主要的多头市场与主要的空头市场。两种股指运行趋势十分明确，持续时间分别是两年多与一年。在两种不同的运行趋势中，投资者是十分容易发现买卖机会的。因为期间的调整十分小，真正的折返走势也不多，投资者把握趋势很容易实现。

上证指数月 K 线——次级折返走势如图 1-9 所示。

如图 1-9 所示，上证指数的月 K 线当中，主要空头市场中出现了两次次级折返情况。第一个次级折返的情况是在股指从高位的 6124 点回落的时刻。第二个次级折返的情况出现在图中大幅度跳空的时刻。两次次级折返的情况短线持续的力度还是非常大的。但是，随着成交量的萎缩，股指还是会继续大幅下跌。

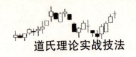
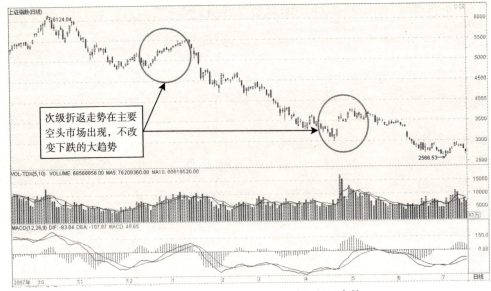

图 1-9　上证指数月 K 线——次级折返走势

四、主要空头市场

　　主要的空头市场是指数长期下跌的走势。在主要的空头市场中虽然也夹杂着中短期的反弹趋势，却不改变指数长期回落的大趋势。主要空头市场这种长时间回落的走势，反映了投资者对以后经济不利因素的担忧。空头市场总会结束的，但一定是过度反映悲观预期后才会反转。

　　在主要的空头市场中，投资者采取任何操作都是多余的。控制风险是十分困难的，想要获得些许的利润当然是难上加难了。只有顺势操作，轻仓应对才可以安然度过漫长的主要空头市场。

　　虽然空头市场持续的时间比较漫长，但却经历了三个明显的主要阶段。

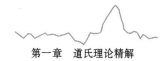

第一阶段：投资者不再期待股价维持过度膨胀的状态。这个阶段中，投资者对不断上涨的股价感到无从下手。几乎没什么股票成为投资标的。选择股票作为投资标的已经是一件十分难的事情。既然股市中没有价格合理的股票，那么买入股票的投资者就会迅速减少。虽然多方力量还是很强大，但面对空方力量的相对增强，投资者获利的可能性是十分小。

第二阶段：卖出股票的压力主要源自于糟糕的经济表现和企业盈利的萎缩。这个阶段中，前期因为价格过高抛售股票的行为基本上已经消失。卖出股票的投资者当中，主要是因为经济状况持续走坏和上市公司业绩不断下滑造成的。换个角度来说，前期股价虽然已经在第一个阶段下跌不小的空间，但相对于走坏的经济和业绩萎缩的上市公司，股价还是略显高了点。所以这个阶段的回落还是会出现的。

第三阶段：投资者对股票投资已经失望透顶，绝望的情绪蔓延至整个市场，众多的投资者希望兑现一部分现金，最后选择卖出手中的股票。股票价格指数杀跌，个股更是不顾一切的杀跌，即使是物有所值的股票，也会经历最后一跌的情况。此时出现的次级折返的走势却不能转变空头市场的走势。

根据道氏理论，把上证指数从 1991 年编制发布以来的走势总结一下，空头市场表现出以下基本特征：

（一）空头市场的确认点

根据道氏理论的相互确认原则，至少两种指数同时跌破主要趋势，就是空头市场的确认点。也就是说，判断空头市场到来的理由，至少是两种指数同时见顶回落。如果不是这样，就不可能获利。

上证指数、深证成指空头市场的确认如图 1-10 所示。

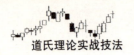

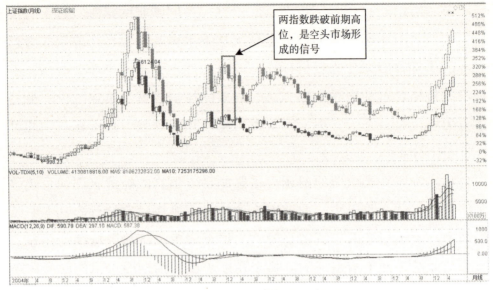

图 1-10　上证指数、深证成指空头市场的确认

如图 1-10 所示，上证指数的月 K 线当中，上证指数与深证成指同时见顶回落，且跌破了前期高位的时刻，是看空的机会。主要的空头市场开始的起点，也就在这个时候出现。投资者唯有减仓持股，才可以避免在空头市场中遭受损失。从道氏理论的相互验证原则中投资者也能发现两种指数同步下跌时的减仓机会。

（二）缩量反弹

空头市场中，股指下跌幅度很大时，缩量反弹的走势就会出现。但空头市场仍然起着作用，股指进一步下跌的空间还是有的。若在缩量反弹的时候做多，亏损的概率将比盈利的概率还大。

上证指数缩量反弹如图 1-11 所示。

如图 1-11 所示，空头市场中的重要特点是期间出现的短期的缩量反弹走势。说是缩量反弹其实并不算准确，股指在主要空头市场中大幅下跌，短时间反弹的时候量能在短时间内放大，一旦量能放大到等

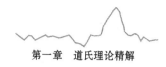

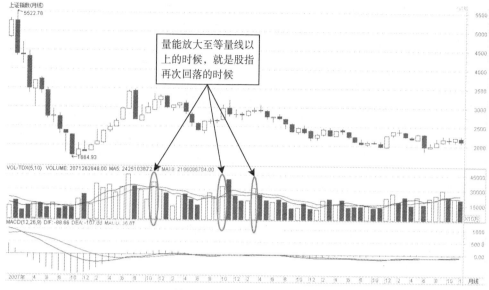

图1-11　上证指数缩量反弹

量线以上，股指就再次进入空头市场当中。这种短线放量，大部分缩量的空头市场，对投资者盈利的影响十分大。

（三）空头市场中的次级折返

主要的空头市场中也会出现极大的反弹走势。但即使股指反弹的幅度较大，甚至达到前期跌幅的黄金分割位61.8%的程度，下跌趋势依然会延续下来。股指折返的幅度较高，只能说明是中级的反弹走势，而不是扭转趋势的大牛市开始了。此时，把握好短线机会积极做空依然是投资者必然的选择。

上证指数缩量反弹如图1-12所示。

如图1-12所示，上证指数的周K线当中，股指下跌趋势出现了三次次级折返情况，但都没有改变这种主要的空头市场的下挫情况。青睐短线买卖股票的投资者可以参与这三次次级折返的走势。不过持股的时间不能太长，有一定的利润后就应短线减仓，才可以在主要空

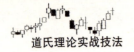

头市场中长期生存下来，而不至于出现较大的损失。

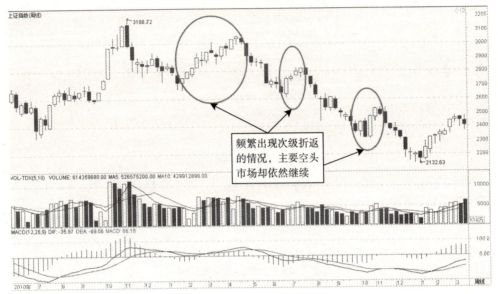

图 1-12　上证指数缩量反弹

（四）空头市场的中期折返走势

空头市场的中期折返走势是次级折返走势的延续。次级折返的情况可能不会很大，而中级折返的走势就很大了。往往中级的折返情况很可能会使投资者误以为是趋势发生了转变，但事实却并不是这样。股指的下跌趋势仍然会延续下来。

（五）空头市场下跌时间

指数一旦进入主要的空头市场，下跌的幅度一定是惊人的。从上证指数的年 K 线与季度 K 线来总体判断的话，主要空头市场平均持续时间分别能达到 2.5 年与 8.25 个季度。要想在如此长的主要空头市场当中获得一些投资收益，是十分困难的事情。股价持续回落的过程中，只有长期空仓，短期轻仓高抛低吸，才能避免损失出现。

上证指数年 K 线如图 1-13 所示。

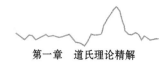

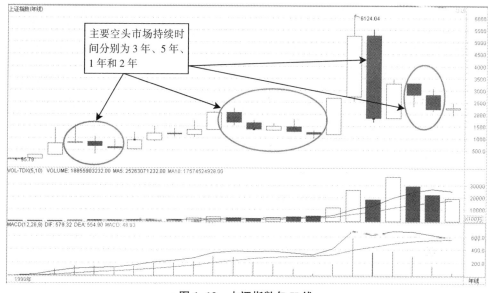

图 1-13　上证指数年 K 线

如图 1-13 所示，上证指数的年 K 线当中，股价下跌的主要熊市行情持续的时间长达 3 年、5 年、1 年与 2 年之久。若计算平均数的话，也有 2.5 年之久。长达 2.5 年的主要空头市场，显然对投资者造成了很大的打击。若投资者没能把握好这样的减仓机会，一定会在长期主要空头市场遭受损失。次级折返的情况在平均年限长达 2.5 年的主要空头市场中起到的作用是十分小的。

上证指数季度 K 线如图 1-14 所示。

如图 1-14 所示，上证指数的季度 K 线中，从每个季度的走势来看，该指数的主要空头市场持续的时间分别长达 9 个季度、16 个季度、5 个季度与 9 个季度。平均一场主要的空头市场持续的时间是 8.25 个季度。这样看来，空头市场的实现时间也是十分长的。8.25 个季度的时间，已经是 2 年多了。要想在这持续两年多的日子里获得一些投资收益是十分困难的事情。

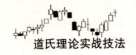

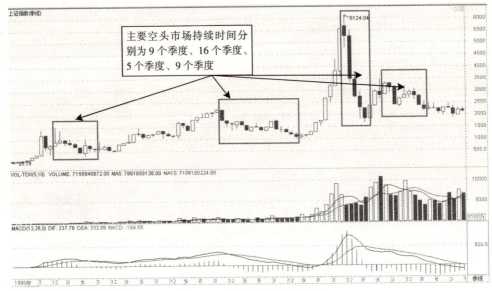

图 1-14　上证指数季度 K 线

（六）空头市场下跌幅度

同样从上证指数的年 K 线与季度 K 线两个方面来说一下股指的跌幅。在年 K 线中，股指的平均下跌空间高达 42.0%，而在季度 K 线当中的跌幅也高达 51.2%，如此高的下跌空间，投资者想要获利是十分困难的。

上证指数年 K 线如图 1-15 所示。

如图 1-15 所示，上证指数的年 K 线当中，股价的四个不同的主要空头市场持续的时间分别达 33.4%、44.0%、65.4% 与 25.1%。平均下跌幅度高达 42.0%，这样的下跌空间已足以让投资者损失惨重。毕竟指数的走势相对个股来说要缓慢得多。弱势股票在平均跌幅高达 42.0% 的空头市场当中的跌幅绝不会止于这个幅度。投资者要想在空头市场获得一点微薄的反弹利润是十分困难的。

上证指数季度 K 线如图 1-16 所示。

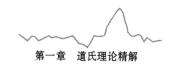

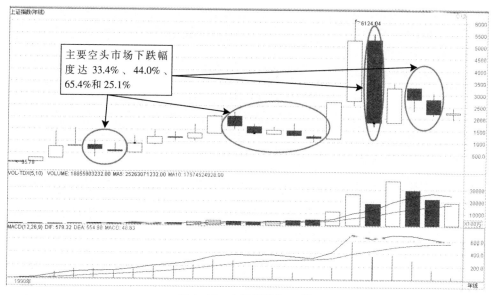

主要空头市场下跌幅度达 33.4%、44.0%、65.4%和25.1%

图 1-15 上证指数年 K 线

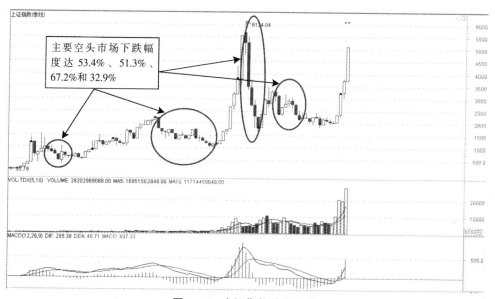

主要空头市场下跌幅度达 53.4%、51.3%、67.2%和32.9%

图 1-16 上证指数季度 K 线

如图 1-16 所示，上证指数的季度 K 线中，此指数的四次下跌趋势中，跌幅分别高达 53.4%、51.3%、67.2%与 32.9%，平均跌幅51.2%。这么高的跌幅，投资者在操作上应该更加谨慎才行。只要主要

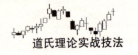

空头市场被确认下来，持续做空刻不容缓。

五、主要多头市场

主要的多头市场，是指数持续向上拉升的长期走势。在此市场中，虽然期间会有次级折返的调整情况出现，但也不能改变指数长期上涨的大趋势。一般主要的多头市场的持续时间可以长达两年之久。在两年的时间里，股票价格上涨的动力主要来源于经济实体的持续转暖，投资者在实体经济转化时不断看好股票市场，投资与投机活动增加，自然促使股指不断回升了。

主要的多头市场延续过程中，也会经历三个阶段。

第一阶段：投资者对经济前景的信心逐渐回升阶段。此时，股票市场正处于牛市的初期阶段。股指刚刚从熊市的阴影里走出来，开始在底部大幅震荡中企稳，奠定了股价上涨的重要底部形态。这个阶段是投资者建仓抄底的绝佳机会。股票总体点位非常低，个股无论从绝对股价还是估值角度来看都十分低廉。投资者如果可以在第一阶段买入好股，以后在主要多头市场中获得高额回报的概率是非常高的。

第二阶段：股票价格的回升，是基于上市公司业绩的持续向好。不同于第一阶段的多头市场，第二阶段中股票价格的上涨是和上市公司业绩的改善相吻合的。也就是说，两者之间出现了互动上涨的格局。公司业绩增加，推动股票价格持续走高，良性循环中买入股票获利的可能性也会很大。

第三阶段：此阶段的投机活动占据了市场中的主流，只有少部分投资者是以投资的方式来选择与买卖股票的。投资者之所以在第三个

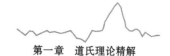

阶段很少，是因为股价已经在第一与第二阶段有很大的涨幅，并且股价几乎无理由地透支了上市公司预期的收益。如此看来，股票价格显得过度膨胀了，投资者持有的股票都是不值钱的。即使是以投资的心态来选择与操作股票，可在股指已经大幅度上涨的第三阶段选择像样的股票是十分困难的。既然股票价格都已经被炒作到很高的位置，而投资者的买卖需求没有降低，股票价格的再次上涨显然是过度膨胀了。把股票价格上涨的动力寄托在一腔热情上，是不可能获利的。主要的多头市场的第三阶段，同时也是趋势发生反转前的阶段，持股风险大大增加。一旦等待获利了结的投资者蜂拥而至，空头市场也就来临了。

根据道氏理论，将上证指数自编制发布以来的走势总结一下，多头常常会表现出以下基本特征：

（一）多头市场的确认点

多头市场的确认和空头市场的确认方法十分相似，也是在股指两次突破了空头市场后才出现反转的趋势的。两种不同的指数同时突破前期的高位后，表示主要的空头市场已经转变为主要的多头市场。

上证指数、深证成指多头市场确认如图 1-17 所示。

如图 1-17 所示，是上证指数和深证成指的月 K 线叠加图，从图中可以看出两个指数从主要的空头市场中走出来的阶段出现了十分明显的突破。显然，指数从此时开始进入到了主要的多头市场中。正如道氏理论所说的那样，相互验证的两种指数突破前期高位是可以确定一个多头市场的。不过，这个多头市场可以走多远，就要看以后多方的力量了。

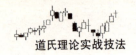

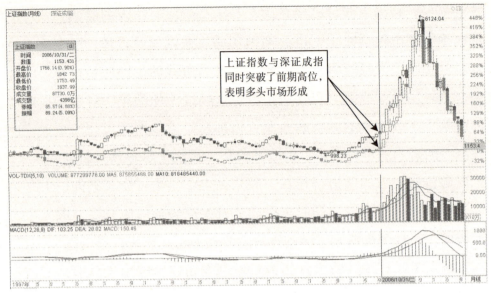

图1-17　上证指数、深证成指多头市场确认

(二) 多头市场里的次级折返

主要多头市场里的次级折返的情况，往往出现在短线放量而后期缩量的下跌趋势中。次级折返的走势不会持续太长时间，但对投资者的影响却十分大。特别是短线跌幅较大的折返走势容易被投资者误以为是趋势的转变信号。但实际上，次级折返的情况只是中短期的行为，跌幅不会既超过前期涨幅，也无法扭转股指的大趋势。

上证指数多头市场次级折返走势如图1-18所示。

如图1-18所示，次级折返的情况在多头市场中出现的概率是非常高的。不只是因为前期套牢盘的解套所致，导致获利回吐的投资者暴增，股价短线突然回调，释放了抛售的压力，对于今后股指的走高更为有利。图中显示，次级折返的调整幅度达到了7.03%，而长长的下影线表示期间的调整要复杂得多。这个阶段，想要获得像样的回报是十分困难的。但是，借用次级折返趋势的调整机会来调仓做短线还是可以的。出于对主要多头市场的信心，投资者应把握住次级折返的机会，调仓做短线后，等待股指企稳之时再次做多，仍然能够继续获利。

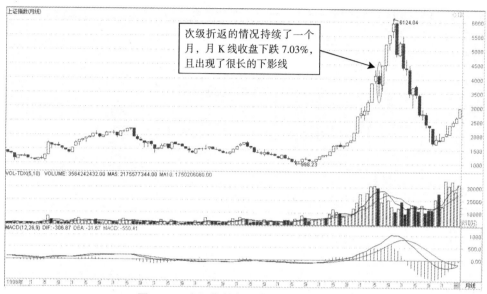

次级折返的情况持续了一个月，月K线收盘下跌7.03%，且出现了很长的下影线

图1-18 上证指数多头市场次级折返走势

（三）多头市场的中期折返走势

多头市场的中期折返的走势，从下跌幅度来看，调整的力度是十分大的。股指大幅度下跌以后，相当一部分投资者已在中级折返走势中杀跌出局了。即使股指再次走强，量能可能会出现少量萎缩的情况。虽然中级折返的情况不会改变股价长期回升的多头市场，却能在一定程度上减缓股价的回升趋势。对于长线投资者来说，对中期折返的情况提高重视程度还是非常好的。

（四）多头市场上升时间

从上证指数的年K线来看，从历史上看，股指出现的主要多头市场持续时间分别为4年、5年、2年与1年，平均一次多头趋势持续的时间长达3年。可见，相对于主要的空头市场来说，主要的多头市场持续的时间要长得多。即使是从季度K线来看，股指的主要多头市场

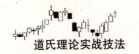

也会持续长达 7 个季度、3 个季度、6 个季度、9 个季度、9 个季度、4 个季度的时间，每次的多头市场平均持续 6.33 个季度。

上证指数年 K 线如图 1-19 所示。

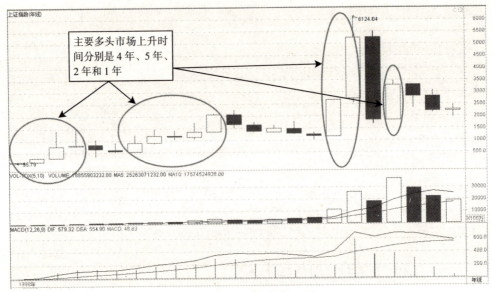

图 1-19　上证指数年 K 线

如图 1-19 所示，上证指数的年 K 线中，股指上涨的趋势十分强。图中选取的四个主要多头市场中，持续的时间分别长达到 4 年、5 年、2 年与 1 年之久。即使是后知后觉的投资者，在这样长的牛市当中也会发现买入股票的机会的。

上证指数季度 K 线如图 1-20 所示。

如图 1-20 所示，上证指数的季度 K 线中，股指上涨的动力十分强劲，不断出现持续的牛市行情，期间出现的明显的 6 个主要多头市场中，股指上涨持续的时间分别达到 7 个季度、3 个季度、6 个季度、9 个季度、9 个季度、4 个季度之久，平均时长有 6.33 个季度。最短 3 个季度的牛市表示主要的多头市场持续时间是比较长的。

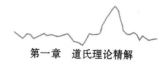

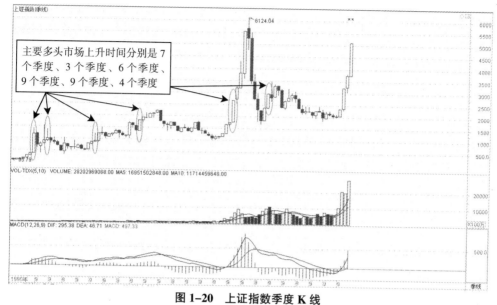

图 1-20　上证指数季度 K 线

（五）主要的多头市场从上升幅度来看

在年 K 线中发现，上升幅度分别有 768.1%、276.8%、352.1% 与 79.98%，平均涨幅在 396.2%。而若从周 K 线当中看的话，分别有持续时间长达 1140.2%、48.9%、127.2%、93.7%、415.4% 与 77.2% 的持续涨幅，平均每次持续上涨 317.1%。

上证指数年 K 线如图 1-21 所示。

如图 1-21 所示，在上证指数的年 K 线中，出现四次明显的多头趋势，股指在这四次当中累计上涨幅度分别为 768.1%、276.8%、352.1% 与 79.98%。最小的涨幅也在 79.98%，说明牛市行情的翻倍力度是十分强的。个股的走势显然明显强于股指，有翻番走势出现也十分正常。

上证指数季度 K 线如图 1-22 所示。

如图 1-22 所示，上证指数的季度 K 线中，股指回升的趋势经历了图中所示的六个主要的多头市场。每个主要多头市场的涨幅分别是

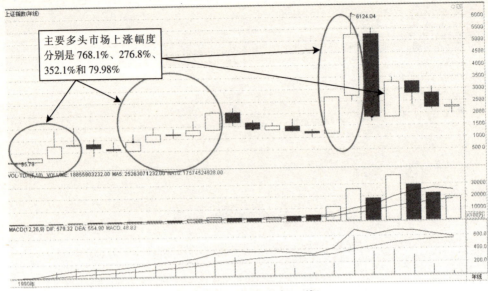

图1-21 上证指数年K线

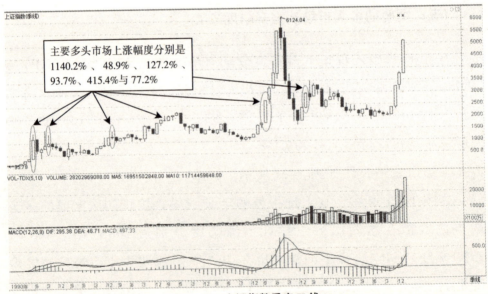

图1-22 上证指数季度K线

1140.2%、48.9%、127.2%、93.7%、415.4%与77.2%，平均每一次牛
市行情的涨幅是317.1%，最小的一次涨幅是48.9%，最大的一次涨幅
是1140.2%，涨幅显然是惊人的。

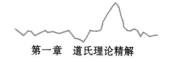

六、次级折返走势

次级折返走势，也叫作修正走势。由于次级折返走势总是和股指主要的运行趋势相反，才这么称呼。在主要的多头市场当中，次级折返的走势是中短线回落的走势。而在主要的空头市场里，次级折返的情况就是持续回升的走势了。

从调整幅度来看，次级折返的走势往往会在主要运行趋势的 1/3 与 2/3 处，同时也是百分比线的重要分割点。若次级折返调整的幅度比较高的话，常常会被投资者误认为是趋势转变的信号而采取反向的操作。果真如此的话，投资者一定会遭受很大的投资损失了。发生在主要多头市场的次级折返，虽然此阶段下跌的幅度比较大，甚至达到前期涨幅的 2/3，但还是可以扭转颓势，二次反转到主要趋势之上。投资者杀跌的操作如果真的在次级折返的过程中出现，那么就错失了以后获利的机会。同样的，空头市场里的次级折返如果达到比较高的程度，投资者误以为空头市场已经转为多头市场，盲目地做多的话，也会在以后遭受重大损失。

主要多头市场里出现的次级折返的情况，更像是主力有预谋的打压股价洗盘的动作。此时，股指下跌的幅度虽然很大，却不会出现过度的下跌。往往在重要的百分比线或是黄金分割线附近出现止跌的迹象。果真如此的话，投资者继续加仓仍然能够获得主要多头市场中的利润。

次级折返的情况和主要趋势相反，涨跌幅度是不确定的，对投资者的影响十分大。对于次级折返性质的判断，往往是投资者比较纠结

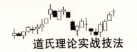

的事情。特别是次级折返的走势持续时间十分长，而股价的涨跌幅度较大的时候，错误地认为次级折返的情况会不断地延续下来，一定会错过很多投资机会。

中小板指周 K 线如图 1-23 所示。

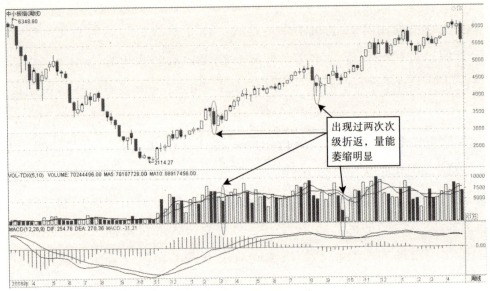

图 1-23　中小板指周 K 线

如图 1-23 所示，中小板指的周 K 线当中，此指数明显地处于牛市行情中，期间出现过两次十分显著的次级折返的情况，却从未改变股指的回升态势。次级折返的走势出现之时，成交量明显萎缩，表示短线抛售压力快速降低，股价继续上涨的动力依然存在。缩量持续的时间十分短暂，放量拉升成为主要多头市场的重要特点。

中小板指折返的黄金分割率 0.382 如图 1-24 所示。

如图 1-24 所示，和缩量次级折返的走势对应的是，股指还出现了黄金分割线附近的折返走势。图中股价短线回调到 0.382 的时候出现了企稳的迹象。此黄金分割点对股价的支撑效果显然是十分好的，不然的话，股指不会出现这么迅速的反弹走向。这样来看，判断短线的

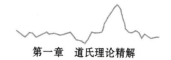

折返情况的时候，投资者又有了一个新的方法。不仅是黄金分割线，百分比线在支撑股价的时候效果也十分好。不过股指会在哪个比例上折返，要看什么时候会出现折返的信号了。

　　上证指数折返的黄金分割率 0.50 如图 1-25 所示。

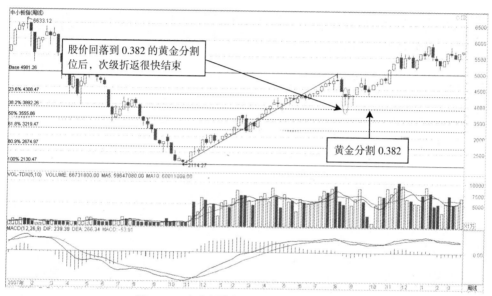

图 1-24　中小板指折返的黄金分割率 0.382

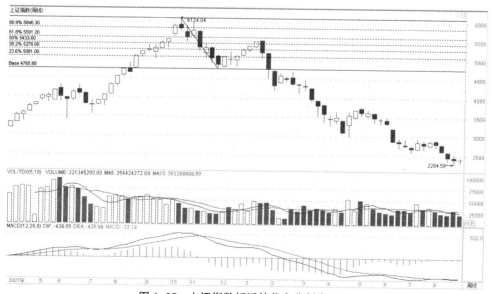

图 1-25　上证指数折返的黄金分割率 0.50

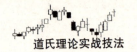

　　如图 1-25 所示，上证指数在见顶最高点的 6124 点后，短线回落后的折返比例也是黄金分割位置。但不是前边所说的 0.382 处，而是 0.5 的黄金分割位置。这和当时指数跌幅不大，众多的投资者短线看涨抄底是密不可分的。考虑到这一点的话，股指反弹幅度超过 0.382 的黄金分割点而达到高位的 0.5 附近，也是很正常的走势了。

　　上证指数周 K 线走向如图 1-26 所示。

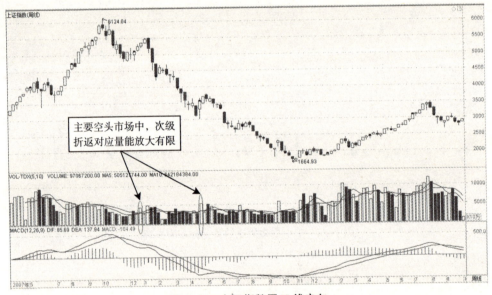

图1-26　上证指数周 K 线走向

　　如图 1-26 所示，上证指数周 K 线中，股指的下跌趋势并没有发生根本变化，只是次级折返的情况时有发生。图中股指虽出现了折返情况，但量能放大程度显然不高。图中所示的等量线并没有被顺利突破，说明无量的折返没能够改变该股的主要空头市场的大趋势。回过头来看，在把握大趋势的情况下，减仓持股才是最好的操作手段。为了次级折返当中的一点小利润耗费精力实在是得不偿失。

第二章　道氏理论的相互验证原则

　　道氏理论之所以会成为所有市场技术研究的鼻祖，是有非常重要的原因的。其中，该理论的五条十分重要的原则是不得不说的。相互验证原则，表明道氏理论趋势的确立需要两种看涨或看跌的信号同步出现，才可以确立股价的涨跌趋势。量能配合原则，说的是趋势的确立需要成交量呈现出相应的缩放来配合。"横向调整"可以代替次等趋势原则，是说股价长期横盘调整的过程中，其实已经取代了次级调整的走势。这样，股价就会继续延续前期的大趋势。投资者根据这个采取相应的买卖操作，是不会有错的。收盘价原则，说的是趋势的真正转变是需要收盘价格来确定的。而在收盘价格确定的情况下，反转信号若同步形成的话，预示着趋势已在不知不觉中形成了。投资者在这个时候采取相应的操作，是能够轻松获利的。反转信号确立趋势原则，是说投资者要想改变操作方向，一定要等到反转信号出现之后采取行动，只有这样才不至于在错误的价位上采取错误的操作。

　　原则虽然看似十分简单，却是道氏理论成立的重要条件，结合本章所介绍的重要实例，投资者能够轻松获得相应的利润。

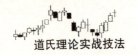

一、相互验证原则

相互验证原则中，其中十分重要的一条，就是走势两次确认的验证规律。若不是两次验证的话，将很难确认相应的趋势。本原则说的是指数在确定运行趋势时，一定要有两种指数同时出现相应的信号，才可以基本上确定相应的趋势。忽视这一原则，在指数第一次出现了反转的信号就立即采取相应的买卖操作的人，一定会大失所望的。因为单一的指数出现了相应的反转信号的时候，所有的指数并不是都会向同一个方向运行。只有两种以上的指数同时确认了相应的运行趋势，才表示指数的运行趋势是确定无误的。最简单的例子，深证成指若出现了见顶回落的迹象，那么上证指数必须同时出现相应的反转信号，才可以表明趋势的形成。仅仅深证成指开始反转，趋势的运行是不稳定的。两种指数的不一致，表明趋势的转变很可能不是将要形成的趋势。投资者在指数运行趋势不确定的时候采取相应的买卖操作是十分容易吃亏的。只有两种趋势相互验证，才可以确保行情的巩固。

1. 指数突破的相互验证

指数在出现趋势转变时，会有开始走强或走弱的迹象。而这种迹象出现的起点可以是假突破的走势。到底何时指数会真正转变方向呢？是在两种指数同时转变运行趋势的时候。比如，上证指数结束了持续回升的中长期的牛市行情而开始进入到熊市的时候，判断熊市是否会真的持续下去，还要看指数的这种短线的走弱是短线行为还是中长线走弱的起点。若短线的次级反转转化为中长期的回落走势的话，那么毫无疑问，投资者做空是最正确的决定了。

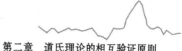

　　下面就从上证指数走弱的信号，对比相应指数的走势，来分析指数的运行趋势是否已经确立。

　　上证指数—深证成指叠加图如图 2-1 所示。

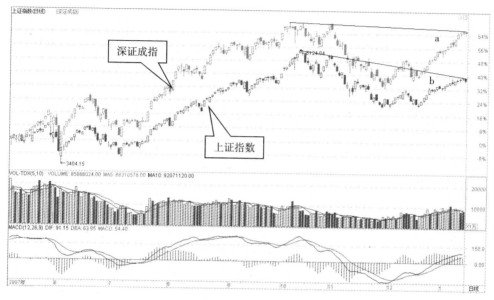

图 2-1　上证指数—深证成指叠加

　　如图 2-1 所示，上证指数—深证成指的日 K 线叠加图中，上证指数自从见顶最高点位 6124 后，出现了十分明显的短线回落的趋势。指数回落后，反弹却并没有顺利突破前期 6124 的高位，形成了图中所示的下跌趋势线 b，表明上证指数基本上处于熊市回落的趋势。验证这一熊市回落的大趋势的条件，就是同时处在下跌趋势的深证成指。图中的 a 线就是深证成指的下跌趋势线了。两个指数同时处在回落的趋势当中，表明熊市得到验证，应引起投资者的注意了。采取减仓的操作应对熊市行情，可以避免很多的损失。

　　深证成指日 K 线走势如图 2-2 所示。

　　如图 2-2 所示，深证成指的日 K 线中，自从成功见顶 14096 点之后，虽说两次成功反弹到高位之上，却并没有维持住牛市行情。持续

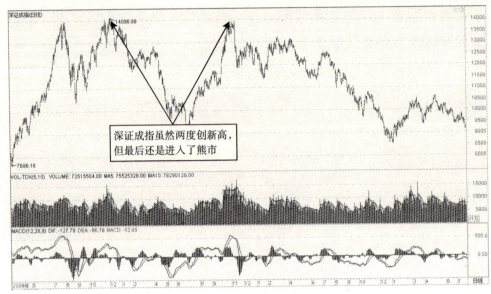

图 2-2　深证成指日 K 线走势

走弱的迹象表明，指数前期的牛市拉升走势已经不复存在。这个阶段成功减仓持股的话，就可以轻松避免损失的扩大。深证成指之所以在短线反弹之前期的高位之上，也没能阻止熊市的到来，是因为这个时期的上证指数已经很明显地走弱了。没有上证指数的走强的出现，深证成指的下跌自然也就在意料当中。

上证指数如图 2-3 所示。

如图 2-3 所示，上证指数持续走弱的趋势中，此指数反弹图中 a、b 两个位置的反弹走势却并没有达到前期高位的 3478 点的位置。这表明上证指数已经明显地进入到了熊市当中。深证成指反弹的走势之所以没能将牛市延续下来，和上证指数的走弱不无关系。两种走势的背离走势，前期的牛市行情无法维持也在意料当中了。作为主板的上证指数的持续走弱，表明股价下跌的趋势是难以挽回的了。

上证指数—中小板指数叠加图如图 2-4 所示。

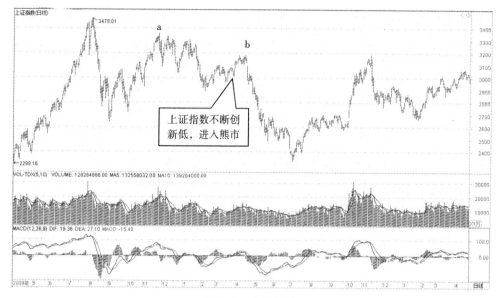

图 2-3 上证指数

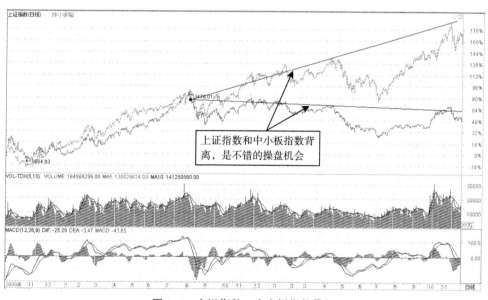

图 2-4 上证指数—中小板指数叠加

如图 2-4 所示，上证指数—中小板指数的叠加图中，虽然上证指数已经进入了持续回落的走势中，但中小板指数的走向却是截然相反的。把握住两者的背离情况，投资者就可以知道在何种股票当中寻找

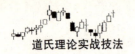
到合适的机会了。处于主板的股票当中，与上证指数的走向显然是相关性相对比较强的，出现相应的熊市走势是十分正常的。而中小板中的股票，当然和中小板指数的反弹走势相一致了。把握住这种情况，投资者就可以获得相应的利润了。

上证指数和中小板指数的背离情况，虽然不是相互验证了熊市行情，却反过来表明了股价的企稳迹象。把握住这样的卖点的话，投资者自然能够获得相应的利润。

2. 个股走势的相互验证

相似板块的股票在开始加速转变运行趋势时，往往会同步出现相应的突破。判断一只股票突破的真假，就能够利用两只股票的叠加图走向来判断。若两只股票的走势相似，且同时出现了突破的信号，那么趋势显然是比较确定的。道氏理论里所说的两种指数同时出现突破的相互验证原则，被移植到两只相似股票的走势当中，同样对投资者的投资操作起到关键的指导作用。

两只股票的走势相互验证，前提是这两只股票在板块当中非常典型，或具有一定的代表性，两者走势一致的情况下，可以为投资者提供不错的操作机会。无论股价朝向多空哪个方向转变，当两只股票同时出现突破时，突破的概率将会大大增加。

二、量能配合原则

道氏理论中的量能配合原则适用于牛熊两种行情。若股价在牛市中有量能持续放大来配合股价的冲高，那么放到熊市中，成交量也会相应地出现萎缩。中长期的走势中，量能配合的原则是一定会遵循的。

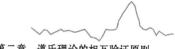

即使是在次级折返走势中，股价的短暂拉升或持续被打压的时候，同样遵循这种原则。牛市中的次级折返走势是股价持续时间不长的回落走势。这个时候，成交量会出现明显的萎缩。只要次级折返调整的情况一消失，股价会再次进入到牛市当中，量能会二次放大支撑股价大幅走高。熊市行情中的次级折返走势，成交量会出现短时间的反弹。但是放在熊市的大环境看的话，成交量随着股价的回落持续萎缩是必然的，可见，量能配合的原则适用于道氏理论说的中长期走势，同样也适用于次级折返情况。

深证成指周 K 线图如图 2-5 所示。

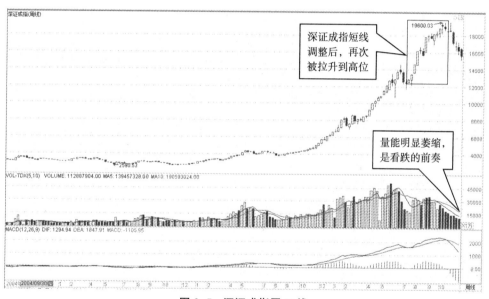

图 2-5　深证成指周 K 线

如图 2-5 所示，深证成指的周 K 线图中，虽然该指数前期放量拉升的趋势比较明确，但仍出现了缩量冲高的走势。图中指数大幅度拉升到 19600 点的过程中，成交量明显萎缩，表示指数距离真正见顶已经不远了。出于对道氏理论量能配合原则的考虑，指数在无量拉升阶段是见顶前的重要信号。牛市中获得丰厚利润的投资者可以在这个阶

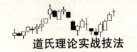

段持续减少持股数量，以应对以后将要出现的熊市下跌的走势。

根据道氏理论的说明，股价处在牛市的时候，应该是持续放量的情况。只有量能持续放大，才有能力支撑股价维持高位运行。当然了，短线回落调整的上证指数可以是缩量回落的情形。但是，这种缩量回调的走势往往只能在次级折返的情况下出现。指数持续冲高的阶段是指数长期回升的牛市，而绝不应该是缩量冲高的。

深证成指周 K 线图如图 2-6 所示。

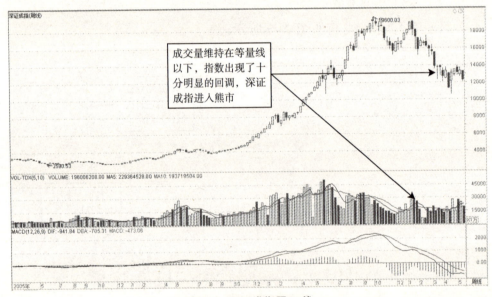

图 2-6　深证成指周 K 线

如图 2-6 所示，随着前期深证成指缩量见顶走势的出现，此指数在图中出现了明显的回落。成交量萎缩的趋势更加明确，量能显然不能突破等量线。这种缩量下跌的趋势延续下来，是指数走熊十分重要的信号。前期的牛市行情持续的时间已接近两年，是量能配合股价拉升的重要长期趋势。如果被缩量见顶的指数跌破，那么至少是中期的回落走势将蔓延下来。死守着牛市中获得的利润不放而不去关心该指数缩量下跌的走势，一定会在熊市中损失惨重。

深证成指周 K 线图如图 2-7 所示。

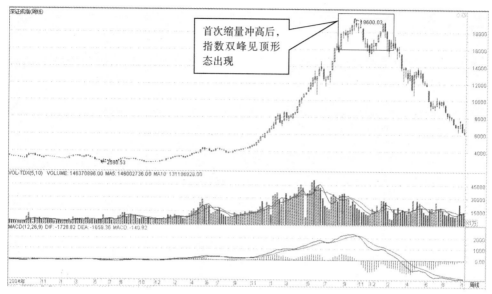

图 2-7　深证成指周 K 线

　　如图 2-7 所示，在深证成指缩量冲高至高位 19600 点的过程中，此指数完成了高位的双顶形态。在 19600 点遇阻回落后，缩量下跌的熊市一直延续了一年多，形成了中期的熊市调整行情。和牛市中的放量拉升的走势相比，熊市指数调整阶段的量能要小得多。指数之所以在熊市中维持了一年多的时间，和成交量的萎缩情况不无关系。

　　上证指数周 K 线图如图 2-8 所示。

　　如图 2-8 所示，上证指数见顶最高点 6124 点后，缩量下跌的走势已成为常态。指数大幅度见底的过程中，放量反弹的走势也曾出现过，但是持续时间从未达到过三周。这表示反弹的走势根本算不上是次级折返情况。熊市调整的走势成为主要长期趋势，零星出现的反弹无法改变股价的大幅度下跌的主要趋势。

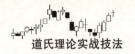

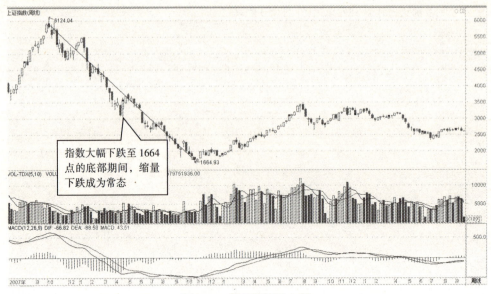

图 2-8　上证指数周 K 线

三、"横向调整" 可以代替次等趋势

　　横向的调整走势是能够代替多数的次级折返的调整形态的。横向调整的走势中，股价波动的幅度是十分小的，但持续在一个价格范围内运行的时间又相对较长。在横向盘整阶段，多方想要买入廉价的股票是不可能的，只能提高价格至横向调整的价格范围以上买入大量股票。而多方想要获得更为丰厚的利润，也是不大可能的事情。空方可以在低于横向调整的时候的价位卖出手中的股票，获得和其他做空的投资者相似的利润。持续很长时间的横盘调整的情况中，股价的波动在十分小的价格范围内，短线出现的突破信号都是十分重要的。关注股价在横向调整完毕后的突破方向，十分有助于投资者判断股价运行的真正趋势。

在横向调整的过程中，此调整的情况会持续很长的一段时间。横向运行的过程中，多空双方最终促使股价转变运行趋势的信号中，反转信号其实是最显著的信号。能否抓住反转信号，关系到投资者以后的盈亏状况和操作方式。通常来说，突破横向调整的股价的信号是不会改变大趋势的。作为次级折返走势的横向调整的形态，往往是十分明显的矩形。矩形调整的走势完成后，也就是次级折返走势完成的信号，股价会继续延续前期的行情运行，直到真正的反向转变的信号出现为止。两种大趋势运行的指数，若一个指数正在经历次级折返的走势，那么另一个指数很可能就在经历一段横向调整的走势。次级折返的调整走势中，指数的运行趋势和大趋势是相反的，这十分容易判断。而横向盘整的过程中，指数的波动范围非常窄。虽然指数和大趋势相反的波动并不强烈，但仍然是次级折返走势的相似情况。横向调整结束后，指数有望再次进入前期的大趋势中稳步运行。

上证指数月 K 线图如图 2-9 所示。

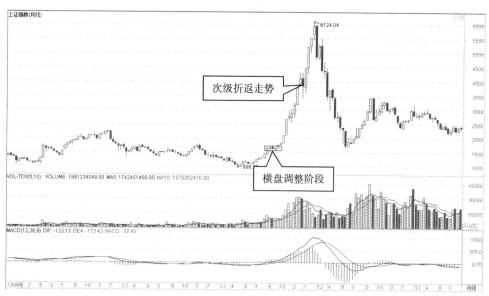

图 2-9　上证指数月 K 线

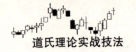

如图 2-9 所示，上证指数的月 K 线图中，指数在 2006~2007 年的牛市行情中出现走强，但也出现了相应的调整情况。大趋势虽然是牛市，指数的回落调整和横向调整还是很频繁地出现。回落幅度并不算大的调整，可以说就是次级折返的走势，但在指数的横向运行的过程中，则相当于是次级折返走势的调整形态了。从指数调整的性质上来说，其实两者之间并没有太大的区别。

亚星客车月 K 线图如图 2-10 所示。

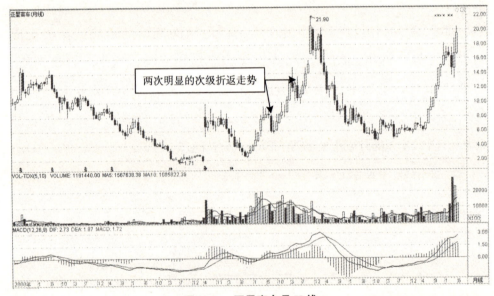

图 2-10　亚星客车月 K 线

如图 2-10 所示，亚星客车的月 K 线图中，该股两次次级折返走势都出现了十分明显的缩量回调情况。很明显地，缩量回调的过程中，抛售压力得到了充分的释放。忽略这一次级调整走势，投资者会错过大的向上趋势和调整中的低价加仓机会。在掌握该股牛市大行情的情况下，在股价的次级折返走势中寻求调仓的操作，增加投资利润更容易些。

西宁特钢周 K 线图如图 2-11 所示。

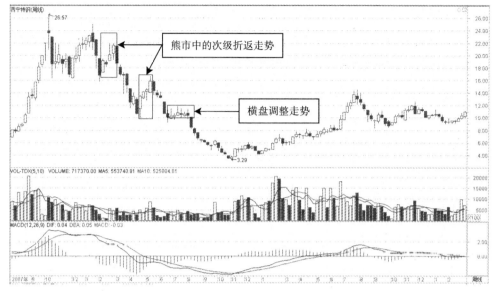

图 2-11　西宁特钢周 K 线

如图 2-11 所示，西宁特钢的周 K 线图中，在股价大幅回落的情况下，短线反弹的次级折返也曾出现过。不过在次级折返走势出现的同时，短线横盘调整的走势也曾出现。在把握该股长期回落的熊市前提下，次级折返的过程显然是个不错的减仓机会。而该股横盘运行期间的调整走势，股价波动空间虽然不会很大，却也是稳定运行的建仓机会。在横盘运行期间和股价出现次级折返走势的时候，都是投资者减仓的有利时机。

四、收盘价原则

道氏理论涉及的价格往往都是收盘价格。对于分时图里出现的最高价格或最低价格，对股价运行趋势的影响都不大。收盘价格在股价运行的过程中的作用是十分大的。重要的支撑位或压力位置都出现在

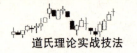
收盘价格附近，而不是出现在最高或最低价格。

收盘价格原则在投资者判断反转价格的时候特别重要。次级折返的股价出现反转信号的时候，也是利用收盘价格来判断的。而运行趋势出现十分明显的反转的时候，不但量能要发生改变，收盘价格判断指数的运行趋势也会出现明显的转折信号。若指数收盘价格没有出现根本的改变，不管最高价格或最低价格在何种位置，指数都将会延续前期的运行趋势。

道氏理论不同周期的行情，其判断的价位也是收盘价格。历史上的最高位无法提供相应的买卖机会。而收盘价格一旦成为趋势转变的重要转折点，该价格就应该引起投资者的高度重视和密切关注。重要的转折意义的收盘价格将会对以后股价的走势产生深远的影响。

中小板指数收盘 K 线图如图 2-12 所示。

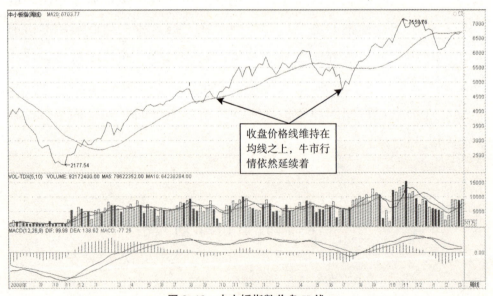

图 2-12　中小板指数收盘 K 线

如图 2-12 所示，中小板指数的 K 线图中，该指数出现了十分明显的拉升走势，虽然在图中所示的位置出现了十分明显的回调，但最

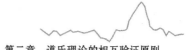

终还是重新反弹至均线以上。这表示股价继续大幅上扬的势头依然在延续当中。把握好该股的牛市行情的话，投资者依然可以获利。从道氏理论的收盘价格原则来看，该股持续这种上涨的势头仍然可以延续。收盘价格线强势维持在均线以上的时候，投资者不会遭受损失。

中小板指数收盘 K 线图如图 2-13 所示。

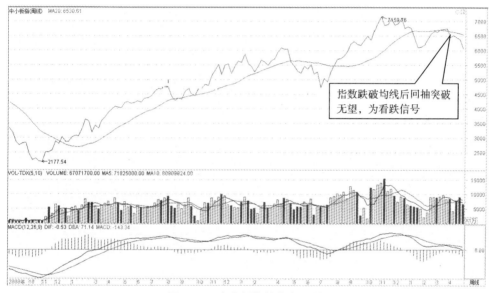

图 2-13　中小板指数收盘 K 线

如图 2-13 所示，中小板指数的 K 线图中，此指数在图中所示的位置再次跌破了均线后就是投资者看跌该指数的信号了。为什么这样说呢？关键还在于图中中小板指数成功跌破了均线，但反弹的时候却再也不能反弹到均线之上，说明下跌的趋势已经十分明显了。把握住指数的这种下挫的大趋势的话，当然就不会遭受损失了。

中小板指数收盘 K 线图如图 2-14 所示。

如图 2-14 所示，中小板指数的下跌趋势已经十分明确了，量能在萎缩的情况下，指数显然会延续这种缩量下挫的趋势。量能不能维持放大的情况下，并且结合收盘价格跌破了均线的走势，长期做空指数

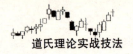

是最好的选择。

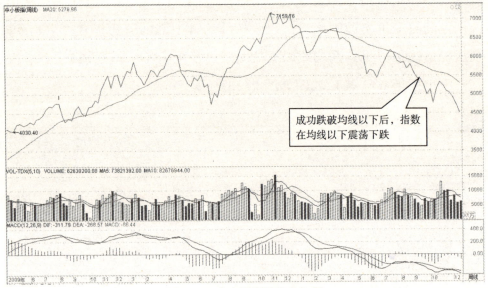

图 2-14　中小板指数收盘 K 线

同济科技 2011 年 10 月 28 日分时图如图 2-15 所示。

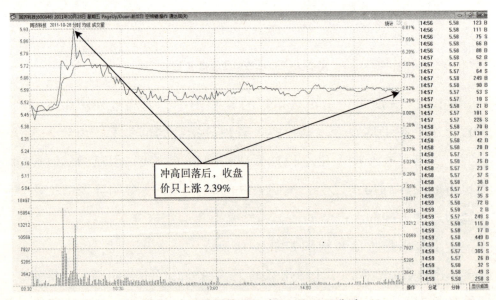

图 2-15　同济科技 2011 年 10 月 28 日分时

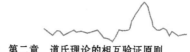

如图 2-15 所示，同济科技的分时图中，该股不仅开盘的时候已经有了一定的上涨空间，并且在开盘后不足一刻钟的时间里，股价自然调整到位且大幅度冲高。虽然在开盘后的半个小时的时间股价大幅度冲击 8.81%，但没有维持在这样的高位运行。股价冲高回落后，该股在收盘的时候只上涨了 2.39%。这表示，该股虽然冲高，但不是看涨的信号。回头看一下此股当天仅仅上涨了 2.39%，说明并不看好短线真正的趋势。

同济科技日 K 线走势如图 2-16 所示。

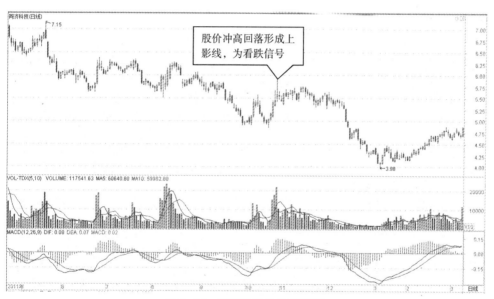

图 2-16 同济科技日 K 线走势

如图 2-16 所示，同济科技的日 K 线图中，该股形成了上影线十分长的见顶回落的阳线。这表示，分时图中大幅冲高回落后形成的长上影线阳线是股价短线见顶回落的信号。道氏理论中所说的收盘价原则适用于指数，同样也适用于个股的走势。既然是收盘价格发出的反转信号，从短线看来也是非常可靠的。

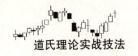

五、反转信号确立趋势原则

　　反转信号真正出现的时候才是趋势反转之日。投资者在反转信号出现以前采取的操作都是不可靠的。激进的投资者看似提前一步做出了反应，却不一定可以准确判断趋势的走向。只有等到信号确认后，才可以采取相应的操作。若在反转信号确认前采取行动，可能会出现反向操作的情况，这样的话，就会造成很严重的损失。确切地说，机会总是青睐那些学会等待的投资者。激进的投资者不仅不能顺利抓住指数运行的真正趋势，还会有很大概率遭受损失。

　　道氏理论告诉我们，新的趋势的确立一定需要两种指数同时出现反转信号才可以。若这种反转信号没有出现的话，投资者不可以盲目地操作。不仅需要在反转信号出现时采取行动，而且是两种指数的反转信号确认才是可靠的信号。熊市没有出现结束信号以前，投资者盲目追涨只会造成不必要的投资损失。同样的，牛市还没有真正出现见顶信号以前，指数上涨的势头还是会延续下来的。如此看来，投资者倒不如耐心等待反转信号的出现，之后再大幅度采取反向操作来增加收益或避免投资风险。

　　既然牛市被确认了下来，投资者就不应该急于出货。牛市反转的信号出现以前，持股等待利润继续放大是十分明智的做法。而熊市被确认下来，持币等待熊市的反转信号出现以后再采取相应的操作，依然有机会获得不错的抄底机会。即便是指数短线涨幅很大了，确认了牛市行情，个股的上涨空间很可能还比较小，投资者可以抄底的股票是十分多的。

上证指数日 K 线走势如图 2-17 所示。

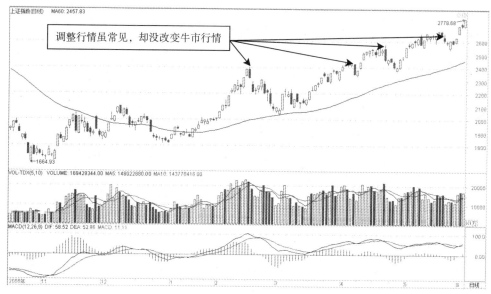

图 2-17　上证指数日 K 线走势

如图 2-17 所示，上证指数的日 K 线走势中，此指数虽然经常出现短线调整的走势，但还是没有跌破均线。在均线以上持续走高的过程中，投资者若提前预期该股见顶并且采取相应的减仓操作的话，一定会失去很大一部分股价上涨的利润。因为指数出现真正的见顶信号以前，投资者的任何减仓行为都将损失一部分利润。指数无论是大涨还是小涨，只要还维持在牛市当中，投资者就应该继续持有股票，等待反转信号出现的时候再考虑减仓，才可以轻松减少损失。

上证指数双峰见顶信号如图 2-18 所示。

如图 2-18 所示，上证指数的上涨势头果然异常迅猛，指数在持续上涨的过程中，想必哪一个投资者也无法轻易猜测到该指数的真正顶部。只有指数出现了双峰的反转信号，且指数成功跌破了该双峰形态，一直到该指数跌破 60 日的支撑均线，才是投资者看空的信号。提前一步减仓的投资者不会在股价见顶时损失利润，当然也无法获得尽可能

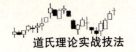

多的收益了。采取持股待涨的操作方法，耐心地等待指数真正见顶的时候再考虑减仓，是投资者在牛市当中尽可能获得高额回报的十分重要的手段。

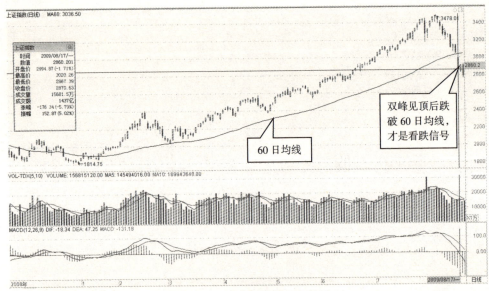

图 2-18　上证指数双峰见顶信号

高位调整的减仓机会如图 2-19 所示。

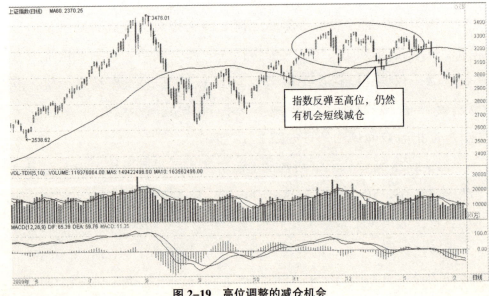

图 2-19　高位调整的减仓机会

如图 2-19 所示，上证指数的日 K 线中，虽然该指数出现了十分明确的双峰见顶信号，却依然在见顶回落后大幅度反弹到前期的高位附近。这表示投资者在操作上还是可以有机会高位减仓持股的。

深证成指高位调整的减仓机会如图 2-20 所示。

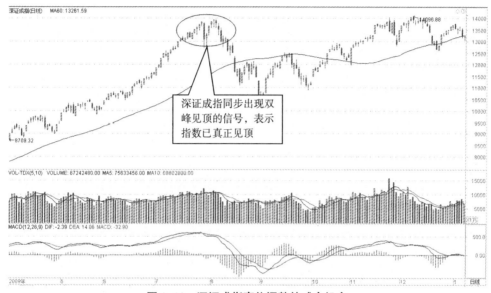

图 2-20 深证成指高位调整的减仓机会

如图 2-20 所示，深证成指的日 K 线中，该指数和上证指数同步出现了双峰见顶的信号。但深证成指随之出现的大幅下挫和短线反弹的走势，明确无误地确认了熊市行情的来临。两个指数的相互确认，表明牛市行情已经见顶。把握此反转信号，在个股上持续做空的话，可以减少以后出现损失的可能性。

反转信号确立原则中，投资者要按照收盘价格确立的反转信号来操作股票。若反转信号没有出现的话，投资者不可以轻易地去采取行动。趋势没有出现以前，股价运行趋势会延续前期的趋势。试图猜测股价运行趋势，并且主观臆测股价顶部与底部所在的价位，一定是得不偿失的。与其说预测可能出现的底部或是顶部，倒不如按照前期股

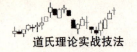

价的运行趋势来连续地操作股票，这样才可以抓住大趋势，获得利润或是避免损失。趋势转变并非像很多投资者预计的那样，在特定的价位开始转变方向。见顶回落或见底回升的走势，没有谁可以真正预测得清楚。等待信号确认以后再考虑改变操作方式，也不会错过盈利的操盘机会。

第三章 道氏理论的趋势线分析

趋势线是由不同价格的两个支撑点或压力点相连构成的。在相对较大的牛市行情中，很容易就可以发现组成长期牛市行情的中级行情。中级行情之间会有逐步回升的底部，连接不同的底部价位就形成了牛市行情的上涨趋势线。但若中级行情也分为几段比较小的行情的话，把最先出现的两段小行情的底部价位连接便可以形成中期行情的趋势线。更小的短期行情的趋势线同样能够用这种方法画出来。

一、道氏理论与趋势线

(一) 趋势线的简单画法

对于熊市行情来说，趋势线的画法与牛市类似。不过趋势线的两个低点变成了股价反弹的两个高点。第一时间形成的或最具压制股价下跌意义的两条趋势线连接起来就形成了最初的趋势线了。趋势线被勾画出来后，对以后股价的走势会起到十分重要的指导作用。

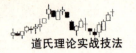

1. 上涨的牛市行情中，趋势线的画法

牛市行情趋势线的画法主要有两种：

其一，连接两条具备决定股价反弹意义的阳线的开盘价格，向右下方延伸，就是上升趋势线了。这种连接阳线开盘价形成的上升趋势线，角度比较适合中级行情和原始行情。

金健米业周 K 线收盘价支撑线如图 3-1 所示。

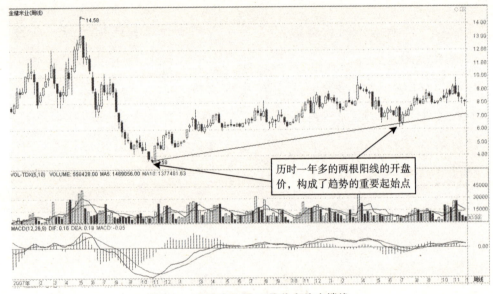

图 3-1　金健米业周 K 线收盘价支撑线

如图 3-1 所示，金健米业的周 K 线中，确认此牛市趋势线的两根阳线的开盘价格，相隔一年多之久，对股价上涨的支撑效果显然是毋庸置疑的。既然是收盘价格确认的支撑线，那么在股价运行的过程中，一旦在某一个位置跌破了此上涨趋势线，那将是投资者减仓的重要机会。趋势的延续在短时间里显然不会停止。该趋势线的确立可以为投资者提供非常不错的机会。

金健米业趋势线的支撑效果如图 3-2 所示。

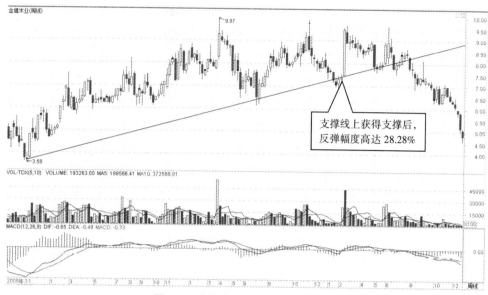

图 3-2　金健米业趋势线的支撑效果

如图 3-2 所示，金健米业的周 K 线中，该股短线虽然回落至上升趋势线，却是投资者相当好的短线抄底机会。在该上升趋势线附近经历了三周的调整后，该股短时期内暴涨幅度高达 28%，一跃成为短线涨幅不小的黑马股。

其二，将两条阳线的最低价格连接，形成一条向右上方延伸的趋势线。这种连接最低价格形成的牛市行情的趋势线一般情况下不容易被期间的调整跌破，相对来说，比较适用于原始行情的走势。

沱牌舍得最低价支撑线如图 3-3 所示。

如图 3-3 所示，沱牌舍得的日 K 线当中，该股回升的趋势线是由股价反弹阳线的最低价格勾画出来的。量能放大的情况下，此股持续反弹，连接图中两个短线底部的小阳线，自然可以获得股价飙升带来的丰厚利润。

沱牌舍得支撑效果如图 3-4 所示。

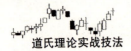

图 3-3　沱牌舍得最低价支撑线

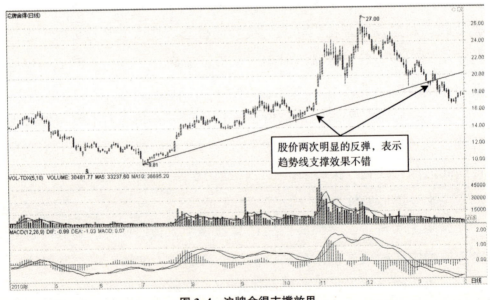

图 3-4　沱牌舍得支撑效果

如图 3-4 所示，从支撑线的支撑效果来看，沱牌舍得的上涨趋势中，两次十分成功的反弹行情，起点就是图中标明的趋势线附近，这表示，通过勾画股价拉升出阳线的最低价格开始做趋势线，对股价长

期回升的支撑效果也是很不错的。只不过在判断反弹点位的时候，利用收盘价格画出来的趋势线更有效一些。

2. 下跌的熊市行情中，趋势线的画法

熊市行情的趋势线的画法主要有两种：

其一，将两条具有决定意义的阴线的开盘价格连接起来，向右下方延伸，就形成了适用于中期与原始下跌行情的趋势线。

中海集运周 K 线开盘价压力线如图 3-5 所示。

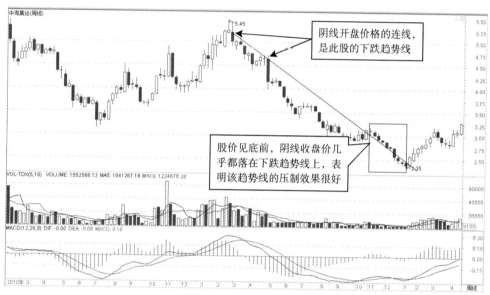

图 3-5　中海集运周 K 线开盘价压力线

如图 3-5 所示，中海集运的周 K 线中，股价的持续回落的趋势中，沿着图中两条阴线的开盘价格勾画出来的下跌趋势线，是投资者不可忽视的重要压力位。后市股价的运行趋势基本是围绕着此趋势线以下运行的。这表明使用阴线的开盘价格勾画出来的回落趋势线对股价的压制效果还是相当强劲的。

其二，将两条具有决定意义的阴线的最高价格连接起来，向右下方延伸，就形成了适用于原始下跌行情的趋势线。

中海集运周 K 线最高价压力线如图 3-6 所示。

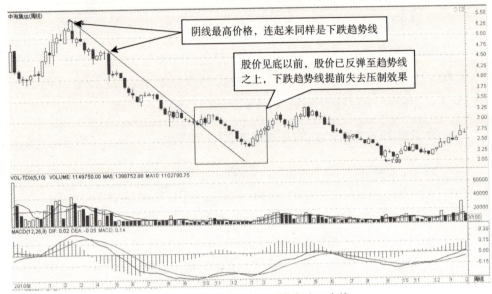

图 3-6　中海集运周 K 线最高价压力线

如图 3-6 所示，中海集运的周 K 线中，同样的趋势线，根据阴线的最高价格勾画出来的话，对股价的压制效果就十分一般了。在该股见底的末期，股价已非常明显地回升到了下跌趋势线以上。但是，此股距离真正见底的价位还有很长一段距离。

（二）趋势线的有效性

判断一条趋势线的作用效果，主要从趋势线的确认次数、趋势线的持续时间和趋势线的角度三方面来看待。

1. 趋势线的确认次数

趋势线的确认次数越多，相应的支撑或压制效果也会越明显。投资者判断买卖时间的时候，可以考虑根据有效的支撑或压力线来判断准确的买卖机会，这样的话更容易取得成功。就拿支撑线来说，支撑线一旦被确认下来，此股屡次回落至趋势线附近的时候都可以受到支

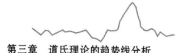

撑，并且开始迅速放量反弹的话，那么后市股价再次回落到趋势线上，一定还是很好的建仓机会。

安徽水利股价在支撑线上频繁反弹如图 3-7 所示。

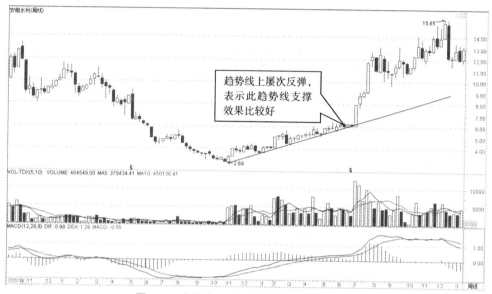

图 3-7　安徽水利股价在支撑线上频繁反弹

如图 3-7 所示，安徽水利的周 K 线中，股价自然见底回升之后就沿着趋势线持续向上反攻。很显然，此上升趋势线已经成为股价大幅度冲高的动力来源。股价短线涨幅虽然不大，但是在趋势线附近持续出现的小反弹表示此趋势线已经得到了非常充分的验证。不管此股以后的运行如何，都不会轻易地跌破该回升的趋势线的。牢牢地掌握住这一点的话，投资者就可以避开相关的损失。

安徽水利股价终于大幅突破如图 3-8 所示。

如图 3-8 所示，安徽水利的周 K 线中，终于出现了放量突破走势。图中此股大幅度上涨的起点，正是前期屡次确认有效的上升趋势线。在长达九个月的时间里，股价短线屡次地上升趋势线上反弹，表明股价最大幅度上攻是可以预见的走势。判断趋势线的支撑效果是

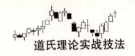

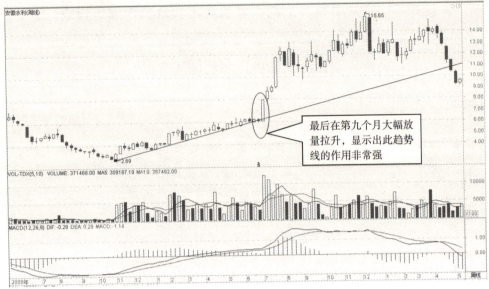

图 3-8　安徽水利股价终于大幅突破

能从趋势线的确认次数上来看的。频繁被确认的安徽水利的上升趋势线，支撑效果十分可靠。

2. 趋势线的持续时间

趋势线持续有效的时间越长，对股价长期走势的指引作用越有效。若是在牛市中的话，股价之所以可以持续不断地大幅度上攻，其原因也在于趋势线的长期支撑作用，当然，持续时间比较长的趋势线，两个靠近的股价调整的底部的连线不可以太平或太陡峭，否则趋势就会失去应有的效果。

青岛海尔支撑效果持续一年半如图 3-9 所示。

如图 3-9 所示，青岛海尔的周 K 线中，前期此股见底反弹后确认的支撑线，又过了一年半以后，依然起到了支撑效果。从图中青岛海尔的短线大幅度反弹的走势中能够看出来，股价明显是受到了支撑才开始大幅度走高的。从这一点来说，判断该股的企稳回升的信号其实是十分容易的。既然长达一年的支撑线可以支撑住股价，那么反弹将

会继续延续下来。

图 3-9 青岛海尔支撑效果持续一年半

青岛海尔股价再次冲高如图 3-10 所示。

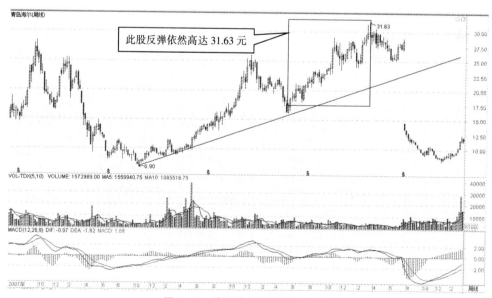

图 3-10 青岛海尔股价再次冲高

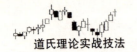

如图 3-10 所示，在长期趋势线的引导下，青岛海尔果然开始了大幅放量回升的走势。股价从短线的 16 元开始反弹，直至高位 31.63 元才出现见顶回落的走势。这表示从趋势线持续时间上来判断支撑效果还是十分管用的。毕竟，长期走强的趋势中，即使股价短时间出现回落，遇到支撑线再次反弹的概率还是非常高的。多方也不可能在短时间内就把股价打压到底部。下跌到长期趋势线附近的股价正是短线抄底的好机会。

3.趋势线的角度

趋势线的角度大小，会在很大程度上决定股价趋势的强弱。通常情况下，涨幅的股价和持续涨停板的股价，两者在趋势线上是截然不同的。一般涨幅的个股，趋势线相对来说都十分平缓，趋势线推动股价上涨的势头不会太猛烈。但持续大涨甚至连续涨停的股价，表现在趋势线上要很强。

中国宝安——上证指数叠加图如图 3-11 所示。

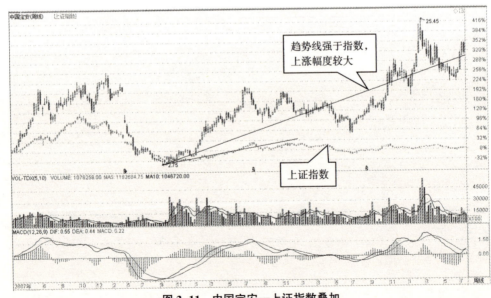

图 3-11 中国宝安——上证指数叠加

如图 3-11 所示，中国宝安的回升趋势的角度明显大于上涨指数的上升趋势线。把握好此股的回升角度，投资者判断趋势的有效性是十分轻松的。毕竟，角度大的趋势线，支撑股价上涨的力度也十分大。长期来看，股价以后的上升空间也会更高一些。

（三）趋势线和道氏理论趋势大小的判断

趋势线表现出来的股价运行趋势的强弱，可以在很大程度上反映趋势的大小。简单地说，趋势线的角度越大，表示股价上涨或下跌的趋势也会更大。股价沿着趋势线运行的过程中，能够出现的涨跌空间也会更大。从趋势线被确认的时间起，投资者就应该判断出指数以后运行趋势的大小。既然已基本上预测出股价的涨跌趋势大小，那么投资者就应该提前采取对策，以免错过投资的最佳时机。

上证指数—中小板指数叠加图如图 3-12 所示。

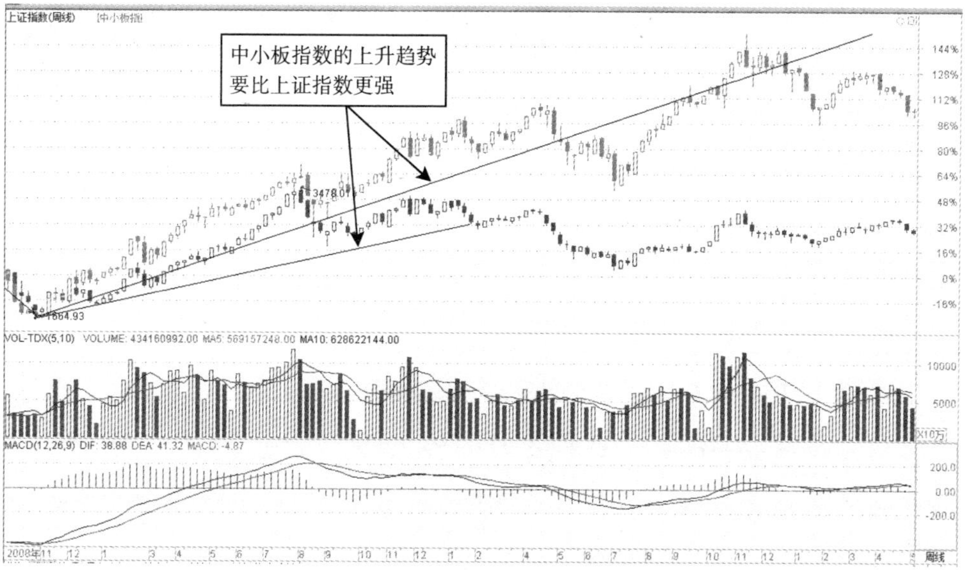

图 3-12 上证指数—中小板指数叠加

如图 3-12 所示，关于趋势线和股价运行趋势的问题，上证指数和

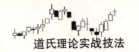

中小板指数的叠加图形同样可以反映出这样的特征来。在上证指数短线见顶进入调整去市后，中小板指数还延续着前期回升的牛市行情。千万不能忽视这一再次获利的机会。中小板指数强于上证指数，趋势线上就可以表现出来。而在指数大幅冲高后，上证指数出现了跌破趋势线的走势，但中小板指数仍然维持强势。两者之间的背离，就是投资者采取行动的机会。把主板的股票换成中小板的强势股的话，投资者在这个阶段一定会获得相应的回报。

(四) 趋势线和道氏理论趋势多空的判断

股价沿着趋势线运行的强弱状况，在很大程度上可以反映出道氏理论趋势的多空状态。趋势线一旦确立，股价就会沿着趋势线指向的方向运行。并且，在趋势线被成功突破以前，股价的运行趋势不会有太大的变化。即使股价出现了有悖于大趋势的走势，那也应该当作是长期走势的中期折返走势。中期的折返走势并不能改变股价运行的大趋势。

只要趋势线被向着反方向运行的股价突破，趋势线在前期起到的支撑或压制作用也就同步消失了。股价将会在新的趋势上运行，投资者在操作上也应该做出相应的调整，才不至于遭受损失或错过相应的建仓机会。

创业板指周 K 线如图 3-13 所示。

如图 3-13 所示，创业板指的周 K 线中，该指数起初还是延续上升的趋势震荡走高的。但这种上升的势头持续的时间不长，股价就成功跌破了上升趋势线，也就在这个时候，是投资者短线减仓的重要时机。从趋势线的转变可以看出，股价的运行趋势从看多转变为看空，其实也是大趋势转变的十分重要的信号。

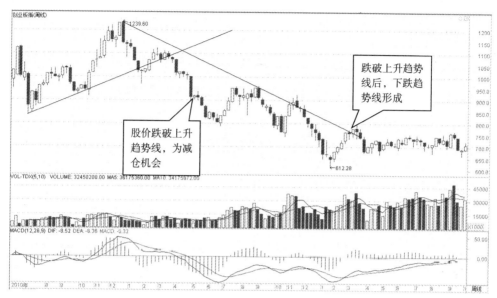

跌破上升趋势线后，下跌趋势线形成

股价跌破上升趋势线，为减仓机会

图 3-13　创业板指周 K 线

（五）趋势线和道氏理论趋势延续的判断

一旦趋势线形成，就不会轻易转变为反方向的趋势。道氏理论反应的趋势，其实就在趋势线上非常清晰地反映出来。只要股价还没有成功运行到趋势的反方向，那么趋势就会延续下来。道氏理论中所说的股价运行的中长期的走势，其实也是股价运行在趋势线上的正常反应。也就是说，准确地勾画出趋势线的运行方向，对于投资者以后的买卖操作的帮助是空前的。道氏理论里股价运行趋势就是趋势线延续和股价运行的过程。

中国宝安上升趋势如图 3-14 所示。

如图 3-14 所示，中国宝安的日 K 线当中，股价的回升趋势还是非常明确的。股价在趋势线上出现了持续三波段的拉升行情。而图中股价最后跌破趋势线的时候，就是道氏理论的中长期牛市行情转化成熊市的信号。把握此股反转的信号，成功逃顶将不是问题。

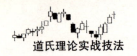

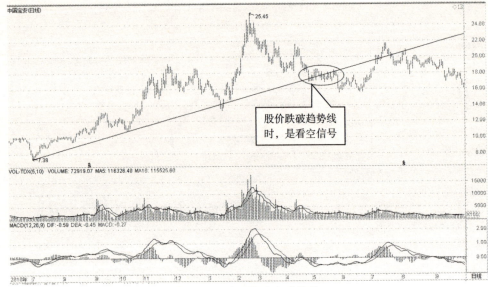

图 3-14　中国宝安上升趋势

（六）趋势线和道氏理论趋势反转的判断

一旦可靠的趋势线形成，道氏理论所说的中长期走势也就出现了。股价短线的次级折返走势不停地出现，却没有改变股价运行的中长期的走势。真正的反转信号是次级折返走势更深入的发展，以至于股价运行至趋势线的反方向，那么道氏理论的中长期行情也就宣告结束了。下面以 ST 中冠 A 周 K 线的牛市结束的信号为例来说明一下趋势的反转。

ST 中冠 A 周 K 线如图 3-15 所示。

如图 3-15 所示，ST 中冠 A 的周 K 线中，虽然股价持续回升的大趋势长达一年半，但终究没有逃过转变趋势的结果。图中股价成功跌破了此股的上升趋势线，表明道氏理论里所说的长期牛市行情也跌破了。后市股价大幅下挫就是长期牛市转化为长期熊市行情的重要信号。判断道氏理论的长期趋势的转变信号，也就是在股价突破趋势线的那一刻起。方向被确认以后，投资者应该在操作上做出相应的调整。

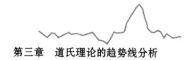

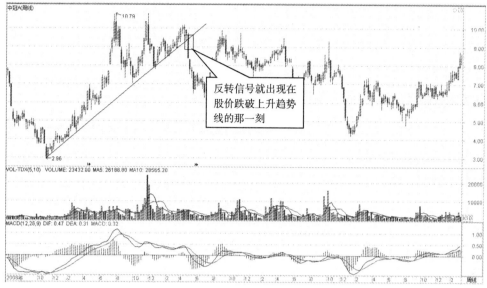

反转信号就出现在
股价跌破上升趋势
线的那一刻

图 3-15　ST 中冠 A 周 K 线

二、趋势线的假突破

（一）判断有效突破的原则

1. 收盘价原则

在判断趋势线有效突破的信号方面，收盘价格原则同样是十分重要的。没有收盘价格的突破，股价是不可能顺利突破趋势的。道氏理论中讲到的趋势的转变，一定是以收盘价格来判断的。分时图里的任何价格都只是股价波动过程中的中间价格，不能够起决定性作用。但收盘价格则不同。收盘价格一旦得到确认，将会在很长时间内发挥作用。特别是在大的趋势出现反转的时候，收盘价格的作用将会十分惊人。

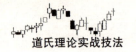

2. 量价配合原则

量价配合原则同样适用于趋势线被突破的阶段。熊市下跌趋势若向牛市转换的话，需要量能放大支撑股价向上突破下跌趋势线。而牛市转化为熊市的时候，缩量跌破上升趋势线是典型的突破信号。两者的不同之处在于，股价向上突破需要放量突破，而下跌突破则只需要量能萎缩就可以实现了。

中视传媒周 K 线如图 3-16 所示。

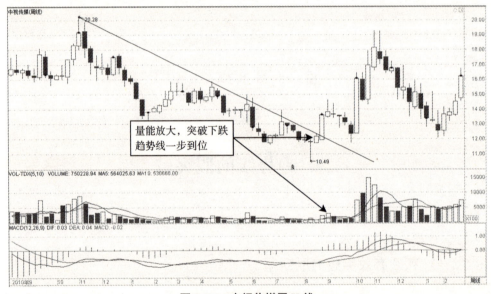

图 3-16　中视传媒周 K 线

如图 3-16 所示，中视传媒的周 K 线中，由于受到利好消息的影响，此股终于在图中所示的位置开始放量，并且顺利突破了下跌趋势线。突破时的量能虽然不是太大，但还是达到了等量线以上，因此，可以支撑短线时间走强突破下跌趋势线。就在下跌趋势线被顺利突破后，该股强势震荡，明显已经摆脱了熊市的束缚。今后该股的走势一定是看涨的。

3. 价格确认原则

当趋势线被突破的时候，股价返回趋势线的走势确认趋势的形成是十分必要的。除非股价反转的走势十分坚决，一鼓作气突破了趋势线，且在相反的趋势上越走越远，此时不需要价格重新返回趋势线来确认股价的走势。

深桑达 A 月 K 线如图 3-17 所示。

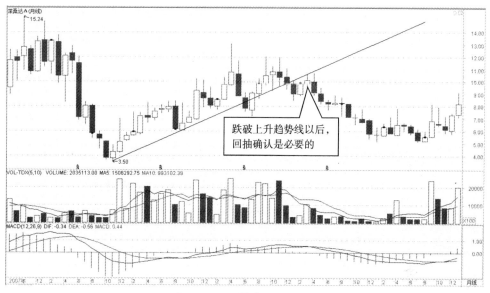

跌破上升趋势线以后，回抽确认是必要的

图 3-17　深桑达 A 月 K 线

如图 3-17 所示，深桑达 A 的月 K 线中，股价已成功跌破了上升趋势线，但还是出现了回抽的走势。股价回抽至上升趋势线下方以后，股价开始再次回落，表示跌破上升趋势线是有效的突破。股价虽不一定在每一次突破趋势线后都出现回抽，但是一旦股价回抽失败，就进一步验证了趋势反转的必然性。投资者顺应新趋势来操作股票是不会出错的。

（二）上升趋势线的假突破形态

趋势线虽然可以在大方向上支撑股价上涨，股价短线波动十分大的时候却不一定可以有效地阻止股价向相反方向波动。道氏理论中所说的次级折返的走势，很可能对趋势线构成十分强的挑战。短线来看，股价很有可能在次级折返走势中突破趋势线，从而转变股价的运行趋势，但短线股价的强势突破毕竟是假突破，在趋势线附近完成一定形态后，股价依然会沿着趋势线指引的方向运行。

1. 趋势线上的双底形态

趋势线上的双底形态指的是股价短线走弱后两次试探上升趋势线的走势。第一次跌破趋势线失败后，时隔不久股价又一次试探上升趋势线的支撑力度。这个时候，股价依然假突破趋势线后，短线快速反弹上来，完成了双底形态。

山东威达日 K 线如图 3-18 所示。

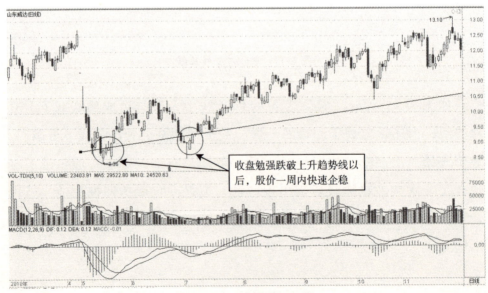

图 3-18　山东威达日 K 线

如图 3-18 所示，在山东威达这只股票的双底形态中，虽然股价跌破了上升趋势线，但是持续的时间却并没有多长。不足一周的时间里，股价就可以反弹至趋势线之上，表示跌破趋势线的走势明显是假突破。在股价跌破趋势线的瞬间卖出股票的投资者会失去以后股价再度拉升的利润。

2. 趋势线上的 V 形底部形态

股价跌破上升趋势线以后，短时间内马上反弹至趋势线以上，形成了 V 形的反转形态。这表明股价在这个时候出现了明显的趋势转变。前期持续回升的大趋势还没有真正突破，短线跌破趋势线后的 V 形反转形态给投资者提供了抄底的机会。

江苏三友日 K 线（一）如图 3-19 所示。

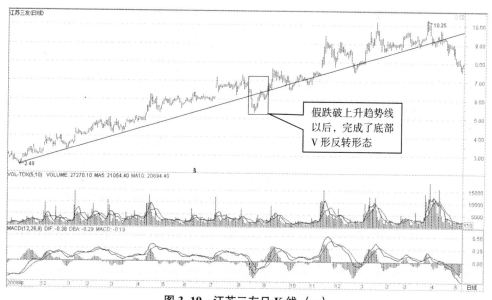

假跌破上升趋势线以后，完成了底部 V 形反转形态

图 3-19　江苏三友日 K 线（一）

如图 3-19 所示，江苏三友的日 K 线（一）中，此股的回升趋势线对该股的支撑效果还是非常不错的。股价沿着趋势线指引的方向持续回升，图中虽然短线跌破了该上升趋势线，却在趋势线底部完成了

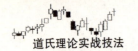

V 形的反转走势，后市依旧看涨。股价短线跌破上升趋势线的走势，只是此股调整过度的反应。在短线反转形态的 V 形底部附近二次加仓，依旧可以获得利润。

3. 趋势线上的 U 形底部形态

趋势线之下的 U 形底部形态是十分难的追涨机会。股价虽然长时间跌破趋势线，但成交量却出现了明显的萎缩。等待股价经过缓慢地放量拉升后，股价依然可以回升到趋势线以上，便是追涨的机会。从股价跌破趋势线的走势来说，虽然不能算作长期趋势的一部分，但从道氏理论来讲，跌破趋势线以后股价形成的 U 形底部形态恰恰是长期牛市行情的次级折返走势的结束信号。

江苏三友日 K 线（二）如图 3-20 所示。

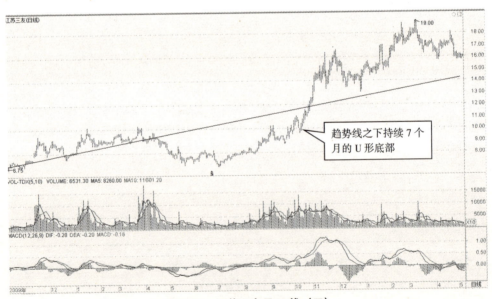

图 3-20 江苏三友日 K 线（二）

如图 3-20 所示，江苏三友的日 K 线（二）中，此股在前期跌破上升趋势线后，股价在趋势线之下企稳回升，并且完成了 U 形的底部形态。这表明此股跌破长期上升趋势线的走势只是股价次级折返的情

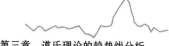
况。跌幅过大后，股价依然可以放量回升到趋势线之上。股价在上升趋势线之下形成的 U 形底部形态就是投资者看涨买入股票的大好机会了。

（三）下跌趋势线的假突破形态

下跌趋势线对于多头的打压是十分有效的。妄想在股价下跌的过程中拉升股价至高位，这种想法实在是过于天真了。没有成交量的有效配合，股价基本上不会有大的起色。短线突破下跌趋势线的情况，只是对调整趋势的次级折返而已。没人能忽视下跌趋势线的作用，即便次级折返的幅度再高，如果成交量无法持续放大，我们也无法预测真正的牛市是否会出现。

1. 下跌趋势线上的双顶形态

短线投资者高位追涨后形成了下跌趋势线附近的双顶形态。成交量在短时间内放大，是散户无暇顾及股价下跌的大趋势疯狂追逐造成的。因为短线多头力量不足以支撑股价大幅度上涨，所以在下跌趋势线附近形成了双顶形态。即使这个双顶形态短线已经突破了下跌趋势线，股价依然要继续看跌的。进入熊市中的个股，投资者应该以长线看空、短线看多的眼光来操作股票。如此一来，才不至于在股价反弹时高位追涨套牢。

荣华实业日 K 线如图 3-21 所示。

如图 3-21 所示，荣华实业的日 K 线中，股价的下跌趋势还是十分大的。但短时间内不免有放量突破的见顶形态。而图中所示的双顶形态就是该股短线见顶的重要特征。从长线来看，投资者应把握住股价的这种顶部特征，持续不断地做空才行。否则很容易错过高位减持的大好机会。

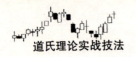

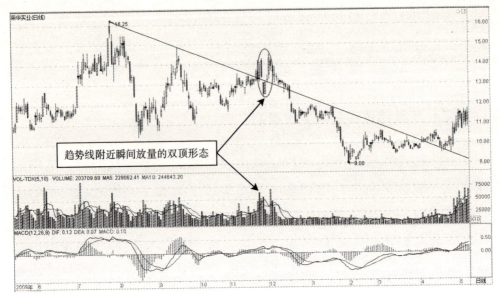

趋势线附近瞬间放量的双顶形态

图 3-21　荣华实业日 K 线

2. 下跌趋势线上的锤子形态

下跌趋势线出现的阴线锤子线，是股价短线放量冲高回落的正常反应。阴线锤子线出现在与趋势线相近的位置，收盘价在趋势线之下，表示多方无力拉升股价至高位，下跌趋势线依然起到十分大的作用。在股价反弹到下跌趋势线的时候减仓持股依然是理想的操作方法。运行在下跌趋势线以下的股价再次回落给投资者造成的损失同样是十分大的。把握好卖点，就算是顺势操作了。

西北化工日 K 线（一）如图 3-22 所示。

如图 3-22 所示，西北化工的日 K 线（一）中，该股冲高回落是十分明显的一根阴线锤子线。股价在锤子线完成后出现了很大幅度的回落。从锤子线的最高价 9.99 元大幅度下跌至底部 4.68 元，深幅下挫了 53.1%。由此可见，下跌趋势线附近的冲高回落的阴线锤子线有多厉害。此形态出现以后，投资者减仓持股是必然的做法。

西北化工日 K 线（二）如图 3-23 所示。

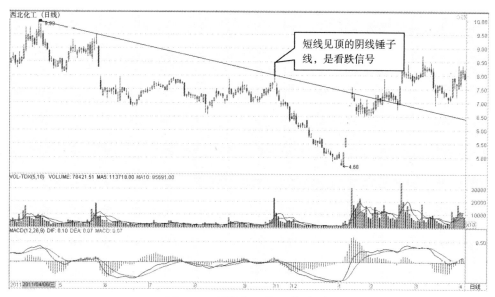

图 3-22 西北化工日 K 线（一）

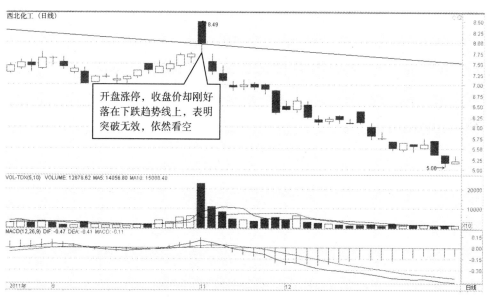

图 3-23 西北化工日 K 线（二）

如图 3-23 所示，通过西北化工的日 K 线（二）中的阴线锤子线就能知道，此股虽然在开盘的时候就已经涨停板了，但是盘中股价大幅度下跌，收盘的时候股价位于下跌趋势线上，突破明显失败了。既

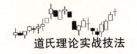

然是抛售压力巨大的失败的突破走势，那么投资者就不得不去做空该股了。后市股价继续下跌，其实是下跌趋势线再次起作用的正常走势。

3. 下跌趋势线上的十字星形态

下跌趋势线附近的十字星形态往往出现在短线冲高回落的走势当中。投资者在下跌趋势线附近发现这样的十字星的话，应果断地去做空才行。特别在十字星的上影线较长的情况下，表明股价当天就已经大幅度冲高回落了。再次持股一定会在股价下跌的过程中遭受损失。

西藏药业日 K 线如图 3-24 所示。

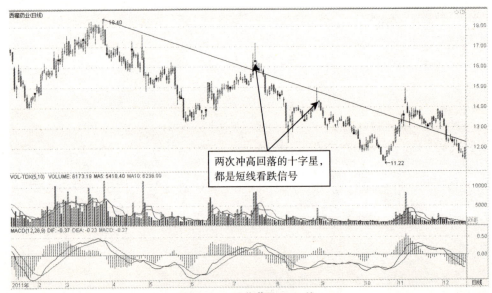

图 3-24　西藏药业日 K 线

如图 3-24 所示，西藏药业日 K 线的见顶十字星出现得十分频繁，图中显示的十字星形态已是第二次出现了。每次出现这样的十字星都是投资者减仓持股的重要机会。在下跌趋势线的作用下，无持续放大成交量配合，股价的反弹只能称为道氏理论中的次级折返走势。股价持续下跌的趋势依然延续，减仓持股才可以避免损失扩大。

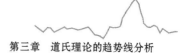

三、压力线与支撑线的作用效果

（一）压力线的作用效果

　　股价运行强弱不同，对应的趋势线压制股价的力度也会有十分大的差别。准确的判断趋势线对股价走强的压制作用，对于投资者掌握股价真正的运行趋势十分有利。有效果的下跌趋势线对股价反弹的压制是空前大的。量能即使有些许的放大，股价的上涨空间也会不高。判断下跌趋势线压制股价的力度大小，可以从量能萎缩的速度、股价下跌的力度及下跌确认的次数等几个方面来看。若股价在下跌的过程中，量能萎缩得十分快、股价跌幅又特别高，那么被多次确认后的趋势线对股价的压制效果就会非常好。股价出现真正的反转走势需要足够大的量能和足够充分的调整才可以从跌势中触底反转。

　　1. 量能萎缩的速度

　　从成交量萎缩的速度上来看，熊市中跌幅较大的个股，几乎都是在快速缩量后进入下跌趋势的。股价在下跌趋势中并不需要量能放大来配合。成交量越是萎缩得厉害，股价短线反弹的可能性就越小。长时间回落的个股都是在量能不能放大的情况下出现的。股价一旦从牛市进入熊市，成交量就会始终维持在缩量状态。且股价下跌的趋势越大，持续时间越长，量能也会更加萎缩。持续缩量的个股不可能有企稳的可能。

　　2. 股价下跌力度

　　从股价下跌回落的力度来看，股价下跌幅度越大，相应的下跌趋

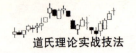

势线越有效。股价反弹到趋势线的时候，可以出现的下跌幅度也会更高一些。判断趋势的大小，从股价反弹到下跌趋势线后的回落空间就可以准确知道趋势线压制股价的力度了。

3. 股价回落确认次数

股价在下跌趋势线附近的回落次数是判断趋势线有效性的重要标志。若股价可以在下跌趋势线附近频繁地下跌，以至于形成了加速下跌的趋势的话，那么趋势线毫无疑问是十分有效果的。经过频繁确认的下跌趋势线，没人会怀疑以后的下跌趋势。不仅下跌趋势线短时间可以压制股价，从长时间来看依然可以促使股价不断地深度调整。

（二）支撑线的作用效果

1. 量能放大程度

从成交量的放大程度来判断支撑线的作用效果，是十分可靠的做法。若股价短线冲高回落到趋势线附近，而股价出现了快速放量的反弹走势，那么表明上升趋势线的支撑效果比较好。通常情况下，量能放大程度越高，股价在趋势线处开始反弹的情况越好，表明趋势线能够支撑股价不断走强。

2. 股价反弹力度

趋势线如果十分有效的话，短线跌至趋势线的股价受到的支撑作用一定是十分强的。股价在回落到趋势线以后，大幅度冲高的走势出现的概率是非常高的。在趋势线被确认的初期阶段，投资者判断趋势线的支撑效果就能够从股价反弹的力度来考虑。短暂回落到趋势线就马上反弹的股价，预示着趋势线支撑股价上行的动力非常强劲，后市会明显地看涨。

3. 股价反弹次数

判断支撑线的作用效果，还能够从股价反弹的次数来看。次数越

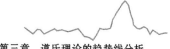

多，表示上升趋势线的支撑效果越好，股价可以上涨的空间也会更高一些。得到三次以上确认的上升趋势线对股价以后的上涨帮助十分大。把握好股价的这种强势上攻的走势一定会有所收获。趋势线的延续也是在股价不断上涨的过程中得到确认的。股价在趋势线处的反弹和趋势线的延续是相互照应的。

四、压力线与支撑线的互相转化

（一）趋势线的突破与回抽

1. 压力线的突破与回抽

股价顺利突破压力线后，往往会短暂回调趋势线，考验下方的支撑效果。若股价可以再次企稳下跌趋势线之上的话，表示下跌趋势线已经不具备压制股价上涨的能力，后市看涨。股价回抽其实并不可怕，可以大涨的股价都是在突破下跌趋势线并且回抽确认后才真正开始上攻的走势的。等待股价重新企稳后不断持股，自然可以获得相应的利润。

豫光金铅日 K 线（一）如图 3-25 所示。

如图 3-25 所示，豫光金铅的日 K 线（一）中，股价的企稳回升明显是在短暂回抽下跌趋势线后开始的。首次突破该下跌趋势线后，股价上方的抛售压力还是十分大的。大幅度拉升之前，股价一定会经历短线的回抽趋势线的动作，才可以进一步的冲高。回抽下跌趋势线是股价蓄势待涨的重要前提。投资者可以在此时调仓等待股价调整完毕后获利。

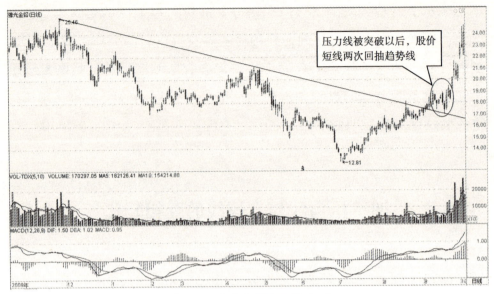

图 3-25　豫光金铅日 K 线（一）

豫光金铅日 K 线（二）如图 3-26 所示。

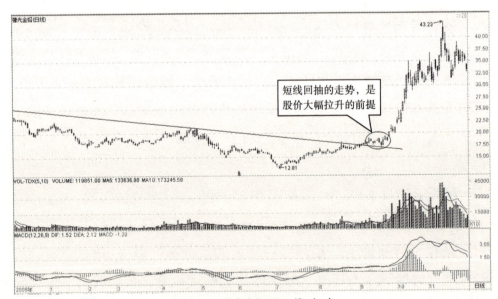

图 3-26　豫光金铅日 K 线（二）

如图 3-26 所示，豫光金铅的日 K 线（二）中，该股的回升趋势是开始于图中股价短暂回抽下跌趋势线后。股价在此以后大幅度的上

攻走势中，投资者获得的利润显然已经达到了翻一倍多的程度。在股价前期顺利突破下跌趋势线之后，投资者等待股价回抽趋势线后再次走强，依然可以持股获利。

2. 支撑线的突破与回抽

上升趋势线被股价跌破以后，短线回抽趋势线的走势是股价确认压力的过程。若股价回抽趋势线，却并未突破趋势线的话，股价走弱就顺理成章了。成功跌破上升趋势线后，股价在趋势线之下运行的时间越长，再次返回趋势线之上的前景越渺茫。回抽趋势线却并没有突破上升趋势线，表示股价确实已经开始走弱了。投资者做空便是最佳的操作方法了。

江南高纤日 K 线（一）如图 3-27 所示。

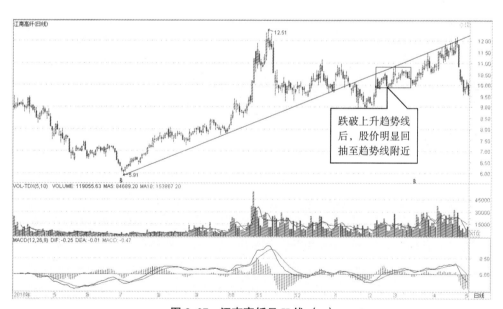

图 3-27 江南高纤日 K 线（一）

如图 3-27 所示，江南高纤的日 K 线（一）中，股价成功跌破了上升趋势线以后，此股短线持续回抽该趋势线，但却从未顺利突破改线，表示股价的短线反弹受到了严重打压。这表明，即使股价回抽到

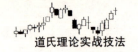

了上升趋势线下方，股价后市看跌的依然不变。把握好该回抽点的高位减仓，是必要的操作动作，如果在上升趋势线下方持续长时间调整，那么股价一旦下跌，将会造成不可估量的损失。

江南高纤日K线（二）如图3-28所示。

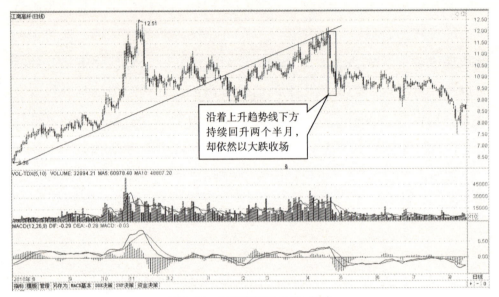

图3-28 江南高纤日K线（二）

如图3-28所示，在股价回抽上升趋势线，并沿着趋势线下方缓缓上涨了两个半月后，此股最终以大跌回落收场。这表示跌破上升趋势线后，回抽趋势线却没办法突破的时候，以大跌收场是必然的走势。抓住这样的减仓机会，一定可以减少以后的投资损失。

（二）压力线与支撑线的转换过程

1. 压力线向支撑线转化

压力线向支撑线转化的过程十分简单，只要股价向上突破压力线，短线回抽压力线后重新企稳回升，便可以沿着确认后的支撑线上涨了。投资者寻找股价突破压力线的有效突破点时，一定要注意股价突破和

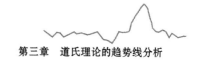

企稳的走势，才可以顺利抓住反弹中的黑马。

中钢天源日 K 线（一）如图 3-29 所示。

图 3-29　中钢天源日 K 线（一）

如图 3-29 所示，中钢天源的日 K 线（一）中，股价在顺利突破此下跌趋势线后，出现了回抽该压力线的现象。但回抽是为了以后更好地拉升，图中见底回升的锤子线就是股价二次企稳的重要信号。既然压力线已被顺利突破，回抽后又开始反弹，此股显然已经摆脱了下跌趋势，进入到稳步上涨的行情中。以后该股的回升走势将会更加明显，加仓或持股，才是获利的根本。

中钢天源日 K 线（二）如图 3-30 所示。

如图 3-30 所示，中钢天源的日 K 线（二）图中，股价企稳回升的走势很快就开始了。回抽下跌趋势线后，此股再次放量反弹，图中两次反弹的价位构成了此股上升的趋势线。抓住此股的反弹走势，获得利润是十分容易的事情。中钢天源突破下跌趋势线后回抽反转，而且加速上涨的过程是一气呵成的。把握好机会，一定会获得相应的

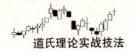

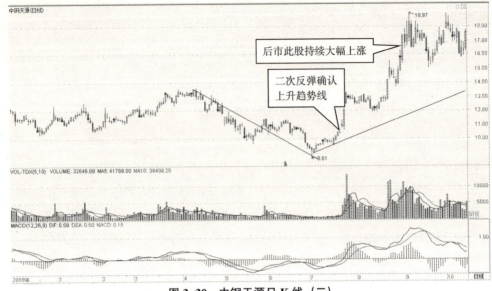

图 3-30　中钢天源日 K 线 （二）

回报。

2. 支撑线向压力线转化

支撑线向压力线转化的走势中，股价会首先跌破支撑线，且在短时间内回抽前期的支撑线。当然，一旦股价跌破上升支撑线，回抽往往是不能够突破支撑线的。经过趋势线下方的持续调整走势，股价会大幅下挫，验证了股价以后持续走弱的大趋势。

天药股份日 K 线 （一） 如图 3-31 所示。

如图 3-31 所示，天药股份的日 K 线 （一） 中，虽然此股的回升趋势明显，最终却在图中所示的位置成功跌破了支撑线。跌破此股的支撑线后，股价短暂回抽至趋势线下方，显然是减仓的好机会。持续长达三个月的时间里，此股都运行在支撑线以下不远的地方，没有出现再次向上突破趋势线的走势。这表示股价显然已经进入下跌趋势，只是短时间看来，该趋势还不是非常明显。但是，投资者应该在这个时候持续做空，避免遭受损失。

天药股份日 K 线 （二） 如图 3-32 所示。

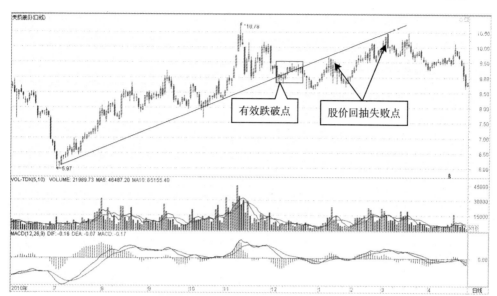

图 3-31 天药股份日 K 线（一）

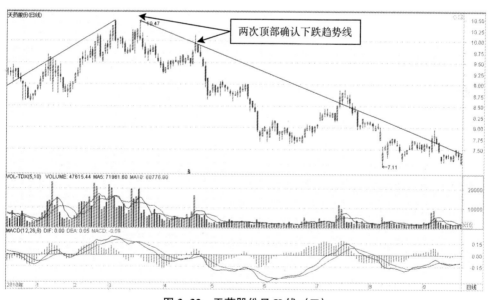

图 3-32 天药股份日 K 线（二）

如图 3-32 所示，天药股份的日 K 线（二）中，股价见顶回落的趋势已经开始了。图中股价在支撑线以下出现的两次见顶回落的 K 线

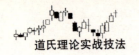

形态是持续看空的起点。由图中两个持续回落的价位连接起来构成的下跌趋势线，是投资者长期做空的开始。后市股价大幅度下跌表示投资者减仓持股就可以减少损失了。

第四章 道氏理论的通道线分析

股价在运行过程中，沿着一定的趋势会形成价格波动的区间。在价格区间范围内，投资者如果想要获利的话，还是有非常多的机会的。价格波动的一定范围内，即为股价运行的通道线。分析股价的波动范围，对于投资者判断股价的真正趋势十分有利。通道线的走向和涨幅的高低的判断，有助于投资者测量股价的运行目标、判断加仓和减仓的机会，进而获得相应的回报。本章通过四部分内容说明通道线和股价的运行目标、斜率与趋势大小以及反弹加仓和回落减仓的操作方法。

一、通道线和股价运行目标

股价运行的过程中，既然可以形成一定的运行通道，那么涨跌的过程中就会有一定的目标位。在股价短线调整阶段，投资者应该明白的是股价延续前期的通道线运行的概率是十分高的。特别是那些运行趋势十分稳定，短线已明确确认了通道线之后的那些个股。

通道线既然已经形成了，投资者应该在不同的趋势中考虑仓位的大小，积极地调仓获得相应的利润。鉴于波动有规律可循的股价会沿

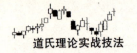

着通道线持续上下波动，在股价运行到通道线附近的时候，投资者可以短线参与股价返回趋势线的买卖机会。虽然通道线是趋势线反方向的曲线，但对于股价的压力或支撑是相当可观的。确认无误的通道线都可以为投资者提供比较好的买卖点位，帮投资者在最佳价位调仓，获利或减少损失。

(一) 股价拉升的通道线目标位

股价在上涨过程中，短线高位和底部的出现是能够确认股价的波动范围的。即使是股价持续回升，距离支撑线也不会太远，股价一旦远离支撑股价上涨的趋势线，那么就会在和趋势线平行的通道线上遇阻回落。投资者判断个股的减仓机会显然可以在通道线附近了。而股价见顶回落到趋势线附近时，投资者同样可以在趋势线上抓住买入机会，获得相应的回报。大趋势是向上的，短线频繁在上升趋势线和通道线之间波动的话，就为投资者创造了不错的投资机会。特别是短线投资者可以在趋势线和通道线之间不断地做低吸高抛的操作，以获得相应的利润。

值得一提的是，股价运行的大趋势是很不容易改变的，不过，短线的走势有很多种变化。如果投资者想要获得相应的利润，就可以在尊重股价上涨的大趋势的情况下，尽量在支撑线附近抄底做多，更容易获取投资收益。而牛市当中，即使股价真的会从通道线附近回落，那也是短暂的调整行为，投资者绝对不可以将通道线附近的做空机会当作长期机会来看待。

氯碱化工日 K 线（一）如图 4-1 所示。

如图 4-1 所示，氯碱化工的日 K 线（一）当中，在该股的回升趋势中，趋势线与通道线已经初步完成了。而图中股价的短线回落至上升的趋势线附近后，短线反弹的目标价位显然是可以看高到该股的通

道线的。把握住趋势线附近的买点，短线获利将不是难事。

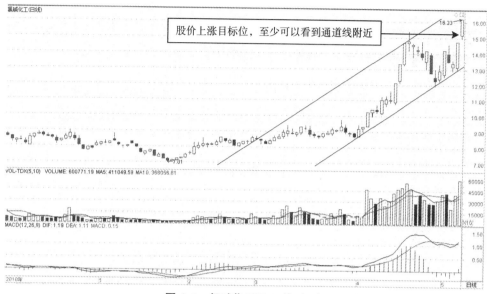

图4-1 氯碱化工日K线（一）

氯碱化工日K线（二）如图4-2所示。

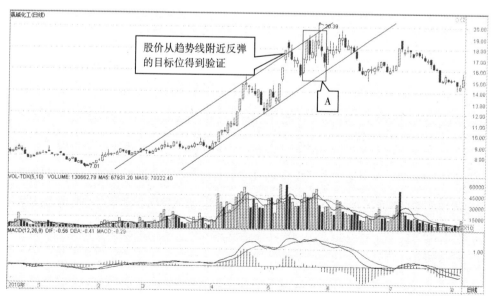

图4-2 氯碱化工日K线（二）

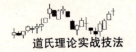

如图 4-2 所示，氯碱化工的日 K 线（二）中，股价短线明显三个涨停板反弹到通道线附近。这样看来，投资者可以在趋势线附近加仓，并且获得短线的丰厚利润。前期股价形成通道线后，首次在趋势线附近反弹到通道线的走势显然是十分明确的。而第二次该股在图中 A 所示的位置同样出现了反弹，但反弹的幅度大大减小了。但这并不妨碍投资者再次获得短线的利润。两次在趋势线附近抄底以后，在股价反弹到通道线时减仓，很轻易就把利润收入囊中了。

拉升趋势中，投资者操作的重点应该放在怎么做多上，毕竟，股价上涨的大趋势是有目共睹的，虽然短线的调整走势也会出现，但却不会改变股价长期回升的趋势。投资者要想获得利润，可以尽量在趋势线附近低价加仓持股，并且在股价反弹到通道线的时候考虑逐步减仓，如此一来，就可以兼顾利润和止损，自然能够在股价滚动上行的过程中成功获利了。

（二）加速回升的第二、第三通道线目标位

股价沿着趋势线和通道线确立的价格范围运行的过程中，其波动的趋势一定是向上的。且随着股价的加速上行，通道线已经无法阻止股价形成短线的顶部。股价涨幅达到通道线以后，放量突破通道线的情况也是十分常见的。一旦通道线被股价突破，新的通道线一定会出现。前期的通道线转变成股价上涨的支撑线。就在股价持续加速上涨的过程中，第一通道线、第二通道线甚至第三通道线都会在短时间内形成。股价加速上行的过程中，短线的上涨趋势不断转化成道氏理论中所说的中长期牛市行情。投资者在这样的大趋势中尽可能看涨做多，获得滚滚财源是轻而易举的事。

新的通道线形成的过程中，投资者应注意股价在不同的通道之间的转换节奏。并非所有的股价都是有规律地暴跌的，在把握好大趋势

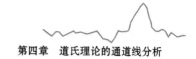

的前提下，随时调整仓位，才可以化险为夷最终获利。

嘉宝集团日 K 线（一）如图 4-3 所示。

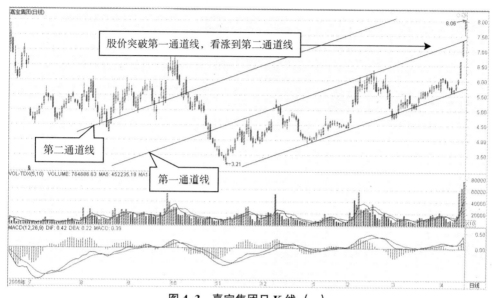

图 4-3 嘉宝集团日 K 线（一）

如图 4-3 所示，嘉宝集团的日 K 线（一）中，此股前期的上行趋势十分明确了。但是，此股短线强势上攻的过程中，明显已经出现了加速见顶的走势。图中股价不仅大幅度上涨，还在短时间内以三个连续涨停板的方式顺利突破该股的通道线。这样看来，通道线对此股的压制作用已不复存在。若股价可以在通道线以上企稳的话，那么此通道线将转化成新的支撑线。股价将会以该支撑线为起点，拉升到新的通道线之上。判断通道线的方法就是勾画出和第一条通道线方向相反而距离相等的平行线。

嘉宝集团日 K 线（二）如图 4-4 所示。

如图 4-4 所示，嘉宝集团的日 K 线（二）中，顺利突破第一条通道线后，此股短线回抽的走势自然是很好的加仓机会了。突破了第一条通道线后，股价并没有大幅度上行，而是进行短线调整，为以后的

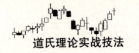

拉升做准备。这个时候，投资者就能够勾画出第二条通道线了。股价短线最终的上涨空间应该能达到第二条通道线之上。

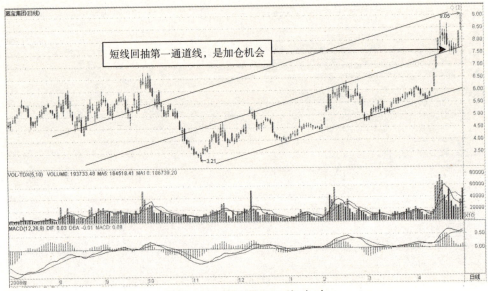

图4-4　嘉宝集团日K线（二）

嘉宝集团日K线（三）如图4-5所示。

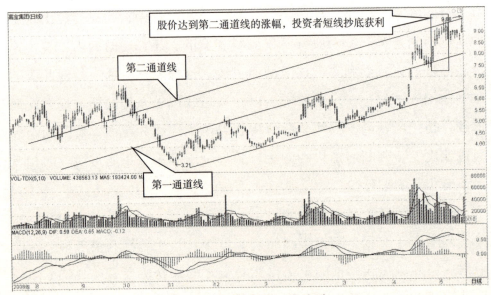

图4-5　嘉宝集团日K线（三）

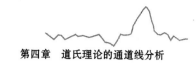

如图 4-5 所示，嘉宝集团的日 K 线（三）中，股价在企稳回升后大幅上涨到了第二条趋势线附近。这样看来，短线操作此股的过程中又一次的获利机会出现了。此股自从顺利突破了第一条通道线以后，短线企稳且大幅度冲高到了第二条通道线。充分运用股价的这种波动状况，获利将是一件十分轻松的事情。

嘉宝集团日 K 线（四）如图 4-6 所示。

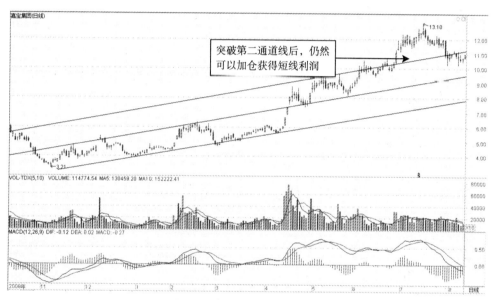

图 4-6 嘉宝集团日 K 线（四）

如图 4-6 所示，嘉宝集团在图中所示位置再一次突破了第二条通道线，股价再次冲高，是很好的买点。虽然成交量已逐渐萎缩，但股价震荡上行的走势没有发生变化。突破了第二条通道线以后，股价有望进一步地冲高到第三条通道线。抓住此突破点将会继续获利。

嘉宝集团日 K 线（五）如图 4-7 所示。

如图 4-7 所示，嘉宝集团短线再度飙升后，最终在第三条通道线见顶回落了。经过前两次突破通道线的走势，此股反弹的趋势逐渐加速。投资者在股价加速回升过程中，获利机会还是十分多的。把握好

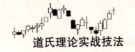

买点的话，获得利润将不是什么难事。

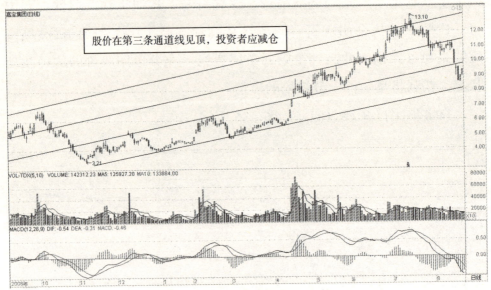

图 4-7　嘉宝集团日 K 线（五）

嘉宝集团日 K 线（六）如图 4-8 所示。

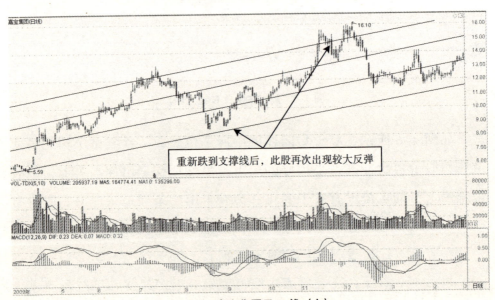

图 4-8　嘉宝集团日 K 线（六）

如图 4-8 所示，嘉宝集团短线在第三条通道先后见顶，此股重新

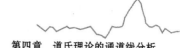

持续回落，一直跌到支撑该股上涨的原始支撑线才开始二次企稳回升的走势。图中此股从趋势线反弹后继续震荡突破上方的两条通道线，都是投资者短线做多的有利时机。后市股价继续大幅度上攻到了第三条通道线，表示此股的反弹幅度是值得短线操作的。从股价前后运行的趋势来看，底部基本上未脱离前期的支撑线。而高位在持续强势上攻的过程中出现了不同的通道线。投资者只要根据股价上攻的节奏，不断的选择短线抄底与减仓的波动空间，一定可以获得相应的利润。

（三）股价回落的通道线目标位

股价在回落的过程中不断受到压力线的压制而持续回落。压力线的作用虽然大，但股价下跌的幅度也不会无止境。短线股价下跌到一定深度，就会自然出现反弹迹象。此时，投资者就应关注将要到来的反弹走势了。股价短线超跌后反弹的位置就形成了下跌中的通道线。和上涨趋势中的通道线相似的是，此时出现的通道线和股价的压力线是相反方向形成的。在压力线与通道线间不断做些短线，熊市行情同样可以赢得利润。

天目药业日 K 线（一）如图 4-9 所示。

如图 4-9 所示，天目药业的日 K 线（一）中，此股的下跌趋势是十分清晰的。股价在一个震荡的走势完成后，压力线与通道线已基本上被确定了下来。图中股价在此压力线与通道线确认的价格区域运行，显然为投资者操作股票提供了高点与低点的参考。依据该股的压力线和通道线提供的高抛低吸的机会，在此期间获利其实是十分轻松的事情。

天目药业日 K 线（二）如图 4-10 所示。

如图 4-10 所示，天目药业的日 K 线（二）中，此股短线见顶从压力线回落后，股价明显跌过了头。图中此股以跳空回落的方式跌破

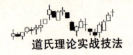
道氏理论实战技法

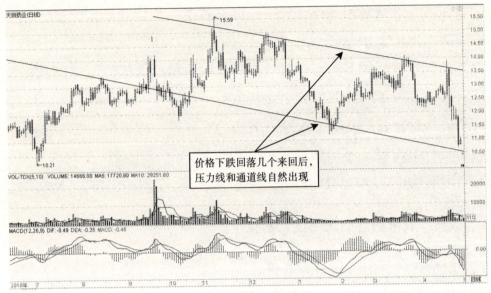

图 4-9　天目药业日 K 线（一）

价格下跌回落几个来回后，压力线和通道线自然出现

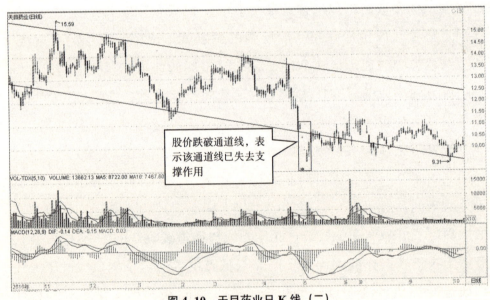

图 4-10　天目药业日 K 线（二）

股价跌破通道线，表示该通道线已失去支撑作用

了通道线，表示此通道线的支撑效果已值得商榷了。再次反弹以后，股价短线震荡的时候却没能达到压力线附近，说明压力线的压制效果更强了。大幅度下跌以后，股价已重新进入一个新的波动趋势，投资

者应在操作上进行调整，以便抓住合适的价位，获得更好的操作机会。

天目药业日 K 线（三）如图 4-11 所示。

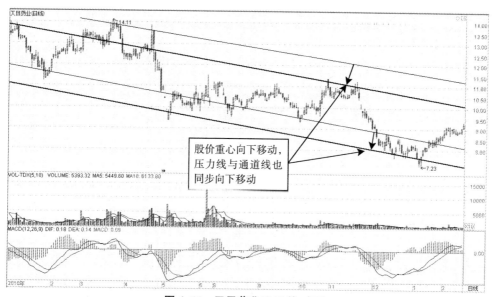

图 4-11 天目药业日 K 线（三）

如图 4-11 所示，天目药业的日 K 线（三）中，此股前期率先跌破了通道线，又在远离压力线的地方提早见顶回落。因此，此股对应的压力线与通道线都同时向下移动了。投资者要想获得高位减仓和低点加仓的机会，一定要依据修改过的压力线与通道线寻找股价反转点。依据图中所示的方法调整后，投资者自然可以获得相应的利润。

和下跌中的股价相似的是，在下跌趋势中持续的股价，长期走弱时也会出现加速下跌的走势。下跌趋势看似稳定，却无法改变股价的这种持续回落的趋势。空方会在股价震荡回落的时候不停地打压股价。而此时，股价的运行趋势并不一定沿着压力线和通道线确认的价格范围波动。股价短线回落到通道线的时候，可以在杀跌过程中轻松跌破通道线。而超跌至通道线以下的股价即使是反弹，也不一定达到压力线附近。这样，股价整体波动的趋势就已经向下回落了。下跌通道在

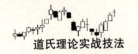

此时整体向下移动，投资者必须调整压力线和通道线的变化范围，才可以达到相应的目标。

（四）变换通道线的下跌

处于下跌趋势中的股价，短线回落的幅度与压力线和通道线有十分密切的关系。从压力线受阻回落后，股价下跌的第一目标就是通道线。但通道线并不是真正的支撑线，而股价却会在短时间内受到通道线的支撑而开始短暂反弹的走势。压力线与支撑线之间频繁波动之后，股价最终会见底回升。也就是说，股价不可能每次见顶于压力线后都大跌到通道线附近。总有一天，股价会从通道线以上企稳，并且短线放量拉升，突破上方的压力线。也就是这个时候，股价下跌的节奏开始变缓，短线放量企稳的概率有所增加。就在股价震荡幅度减缓以后，判断股价下跌的压力线与相应的通道线也会发生一系列的变化。投资者应抓住这些变化，及时采取行动，抓住短线会出现的买卖机会。

太极实业日 K 线（一）如图 4-12 所示。

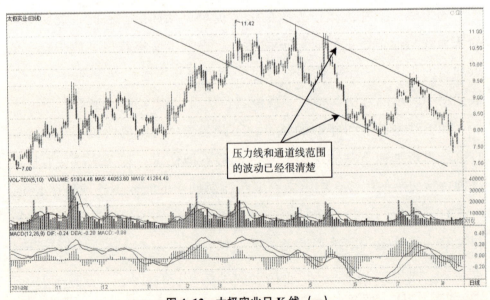

图 4-12　太极实业日 K 线（一）

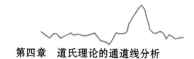

如图 4-12 所示，太极实业的日 K 线（一）中，股价的回落趋势十分明确。此股自从见顶前期见顶之后，在压力线与通道线附近的波动就已经展开了。大趋势向下，短线频繁出现反弹的走势。此股不断延续着熊市行情。可以称之为短线的回落走势。而此股从通道线附近反弹的情况是股价回升的次级折返情况。短线频繁下跌和次级折返的走势将构成此股中长期的大跌走势。

太极实业日 K 线（二）如图 4-13 所示。

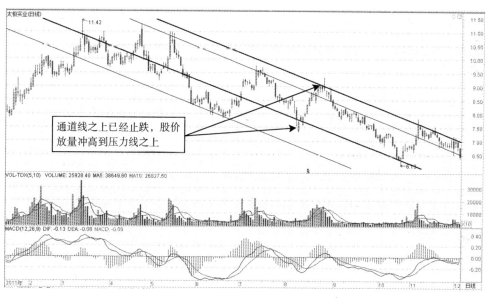

图 4-13 太极实业日 K 线（二）

如图 4-13 所示，太极实业的日 K 线（二）中，此股虽然在持续大幅度回落，却没有停止反弹的走势。图中股价再次见顶于压力线后，短线企稳的价位和下方的通道线还有一段距离。如此一来，此股的下跌趋势可以提前一步企稳，说明跌势有缓解的征兆。而此股在通道线上方开始反弹后，短线已顺利突破了上方的压力线，表示股价的真实波动范围将会向上移动。在新的压力线和通道线之间操作股价，便能够把握股价下跌的节奏了。

太极实业日 K 线（三）如图 4-14 所示。

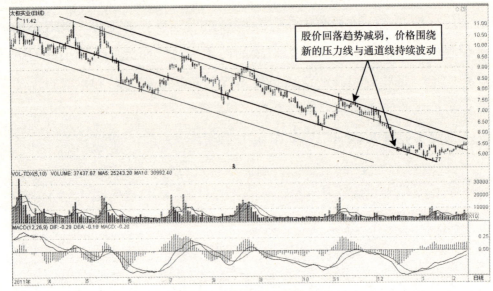

图 4-14 太极实业日 K 线（三）

如图 4-14 所示，太极实业的日 K 线（三）中，下跌趋势显然更上一个台阶。股价前期大幅度震荡且深度回落后，后市此股的下跌趋势比较稳定。压力线和通道线同步向上移动后，股价在两条线之间的波动短线从未停止。这样的下跌过程几乎持续一年之久，其间在压力线附近抛售股价，并且在通道线附近加仓，便可以轻松获得短线利润。

在下跌趋势中的股价，判断下跌的节奏其实是十分难的事情。从压力线与通道线来看的话，股价波动的过程基本上会围绕两条线展开。但下跌的过程中，大跌以后跌幅放缓也是常有的事情。这个时候，投资者应该清楚，通道线以上企稳且突破上方压力线的股价不一定是见底回升的表现，很有可能是下跌节奏在变化。股价可以从前期波动的压力线与通道线转换为新的压力线与通道线附近运行。就在新的波动范围内，投资者同样有抓住股价下跌节奏的机会，从而为获利做好准备。

二、通道线的斜率与趋势大小

　　股价在熊市波动的过程中，相应的压力线与通道线运行趋势虽然一样，但角度却是千差万别。不同斜率的趋势线，表示股价的趋势大小是不一样的。斜率大的趋势线，通常预示着股价的下跌趋势十分大，短线反弹以后股价深跌的可能性也大。而斜率小的趋势线，即使是处于下跌趋势中，短线跌幅很可能不会很高。多数时间里，斜率小的趋势线对应的股价的下跌趋势是比较平缓的。比较两种不同趋势线的时候，投资者就可以在操作上选择不同的手法买卖股票，以求在熊市主跌行情中获利。

　　丰华股份日 K 线如图 4-15 所示。

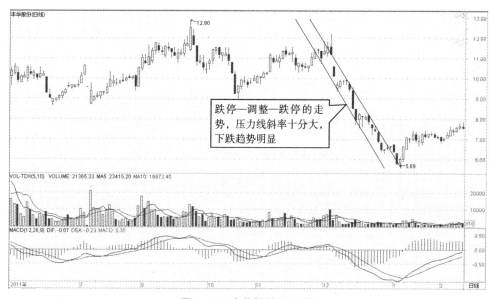

图 4-15　丰华股份日 K 线

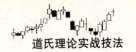
如图 4-15 所示，丰华股份的日 K 线中，股价的下跌趋势已经十分明确了。该股以跌停的方式见顶回落后，形成了非常明显的下跌通道线。就在压力线和下跌通道线之间，股价在跌停—调整—跌停的趋势中不停循环，最终从高位 12 元深度下跌到底部 5.69 元，下跌幅度高达 52.6%。可见，通道线的斜率大小在很大程度上影响了股价的运行趋势。若斜率比较大的话，股价见底的深度会很快，对短线造成的杀伤力也会很大。

判断通道线的斜率大小，可以准确预示股价涨跌趋势的强弱状况。斜率较高的通道线，表示股价波动的力度很大，短线涨跌高度也会很大。对于趋势比较大的通道线来说，投资者最迫切的任务是要抓住大趋势，尽可能的在牛市中重持仓、熊市中空仓，才可以获利并且避免风险。

既然通道线的斜率可以预期股价运行的强弱状况，那么第一时间判断通道线的运行趋势就显得十分重要了。通道线一定是在股价初步完成下跌或上升趋势的起始位置开始的。如果股价运行趋势是牛市，那么必然形成两个标志性的底部与一个短线高位。这样才可以画出明确的通道线，帮助投资者判断股价的运行趋势。

三、通道线的提前反弹加仓

下跌趋势中，通道线是支撑股价短线反弹的一条趋势线。在股价下跌的过程中，如果股价没能跌至通道线，却在通道线之上开始反弹，说明股价短线下跌幅度已经非常高，正在寻求新的支撑点。通道线之上开始反弹的时候，投资者应该关注股价的走向了。虽然股价处于道

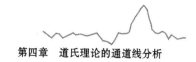

氏理论的中长期熊市行情，股价却有出现次级折返的较大幅度的反弹
走势的可能。

航天通信日 K 线（一）如图 4–16 所示。

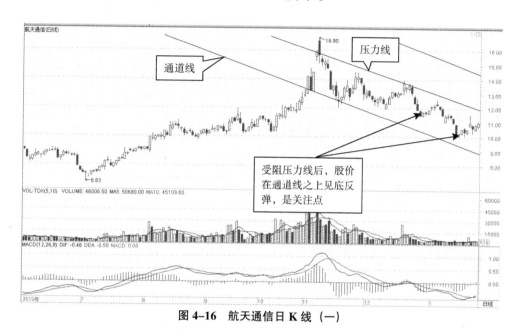

图 4–16 航天通信日 K 线（一）

如图 4–16 所示，航天通信的日 K 线（一）中，此股的下跌趋势
十分清晰了，但股价下跌的节奏出现了变化。图中股价短线虽然也见
顶于压力线，下跌的幅度却没有很高。就在距离通道线一定幅度的时
候，此股开始了短线反弹的走势。这表示股价的企稳走势很可能在短
时间内出现。把握好通道线以上企稳的信号，短线加仓此股，获利的
概率将会很高。尤其是在图中股价两次反弹的价位都距离通道线很远
的情况下，此股的压力线恐怕也压制不住短线的反弹走势。如果压力
线和通道线同时转换位置，投资者就应该注意了。

航天通信日 K 线（二）如图 4–17 所示。

如图 4–17 所示，航天通信的日 K 线（二）中，股价开始突破上
方压力线了。这表示不仅前期的下跌趋势中的通道线出现了改变，压

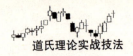

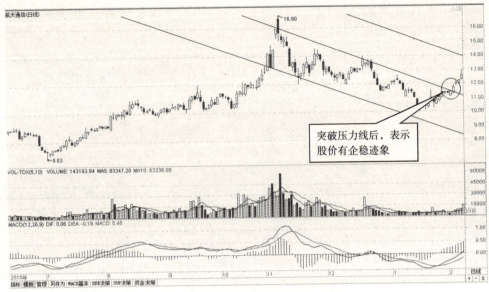

突破压力线后，表示股价有企稳迹象

图 4-17　航天通信日 K 线（二）

制股价下跌的压力线也同样需要调整位置了。其原因是，股价短线波动的幅度已经超出这两条线的范围，继续强势反弹的过程中，股价波动区间明显要向上移动了。虽然依然处于下跌趋势中，但投资者可以随时关注股价的下跌状况。在图中股价反弹力度增加时，把这次反弹走势看作是长期下跌中的次级折返的情况，还是有加仓获利的机会的。

　　航天通信日 K 线（三）如图 4-18 所示。

　　如图 4-18 所示，在股价突破了压力线以后，短时间的反弹还是在持续着。图中此股反弹的高度一直到新的压力线以上。不仅如此，此股的反弹显然并未停滞不前，图中股价达到压力线以后，轻松向上穿越此压力线。新一个阶段的调整可能要在新的波动空间里进行了。运用做平行线的方式，投资者可以很容易发现这样的新的压力线，进而为操作做好准备。

　　航天通信日 K 线（四）如图 4-19 所示。

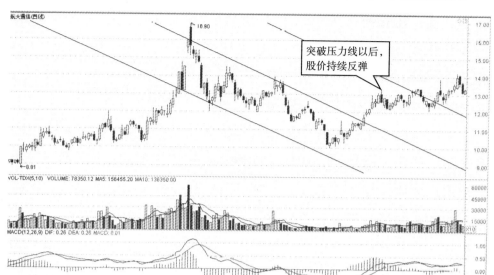

图 4-18 航天通信日 K 线（三）

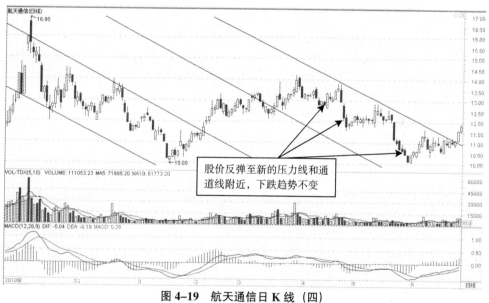

图 4-19 航天通信日 K 线（四）

　　如图 4-19 所示，股价短线反弹过程中，此股运行空间达到第二个压力线后，股价终于出现了见顶回落的走势。可见，即使是次级折返的情况也无法轻易改变股价长期下跌的大趋势。在持续突破了两条压

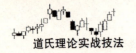

力线以后，此股进入新的下跌区域。就在这个新的价格波动区域里，投资者长时间内依然需要做空。压力线与通道线之间的频繁波动并不会消失，把握好压力线附近的卖点以及通道线附近的短线加仓机会，即使是在熊市中，也可以在保住利润的同时获得收益。

在下跌趋势中，所有人都知道股价会在通道线附近出现短线反弹的走势。但是，就是平时常见的反弹走势。却并非一定要在通道线附近出现。若股价足够强势的话，下跌的时候没有接触到通道线，股价就能提前反弹了。把握股价反弹的机会，投资者可以在股价突破压力线时做多，依然可以继续获得利润。下跌趋势中，股价首次突破压力线时，常常是短线调整的需要，并不是说股价就会在此时大幅度反转向上。但是，因为股价短线走强的意愿还是十分强烈的，投资者可以在股价突破压力线时，短线加仓买入一部分股票，获取短线反弹中的利润。

四、通道线的受阻回落减仓

通道线附近受阻回落时，是投资者减仓的重要机会。股价原本运行在支撑线和通道线以上，处于中长期牛市回升阶段。牛市中，股价在见顶时会放量冲高。由于通道线的束缚，股价的上涨幅度往往不会超越通道线。一旦超越通道线，很可能要面临短线的回落走势了。多放在股价见顶阶段放量拉升股价时，会造成追涨的资金不足而导致股价见顶于通道先后紧跟着会大幅度的下跌。此时，投资者就需要谨慎地关注股价的短线运行趋势了。在高位冲高回落的股价，很可能从通道线附近一直大幅度下跌至压力线之下。如果真是这样的话，股价也

就结束了长期回升的大行情。通常来说，把握好股价跌破支撑线的机会，可以帮助投资者避免很多损失。

工大高新周K线（一）如图4-20所示。

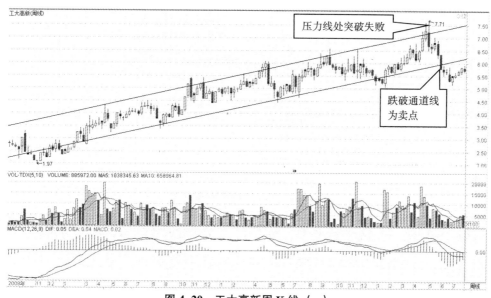

图4-20 工大高新周K线（一）

如图4-20所示，工大高新的周K线（一）中，此股的上升趋势虽然十分明确，但也出现了很明显的见顶特征。图中股价短线突破上升通道线失败以后，股价快速回落且轻松跌破了支撑线。这表示股价的运行趋势从此开始反转了。不同于日K线中的回落，此股在图中周K线中明显地见顶下跌，显然假突破的概率是十分小的。并且，对比此股稳健的回升趋势来看，轻松跌破支撑线的走势显然是值得投资者去减仓的。否则，一旦下跌趋势开始，投资者将不得不面临巨大的损失了。

工大高新周K线（二）如图4-21所示。

如图4-21所示，工大高新的周K线（二）中，此股短线跌破了支撑线后，股价也曾出现过回抽支撑线的走势。但该回抽动作终究没有延续下来，股价还是进入了中长期调整走势，持续回落的状态不断

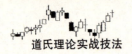

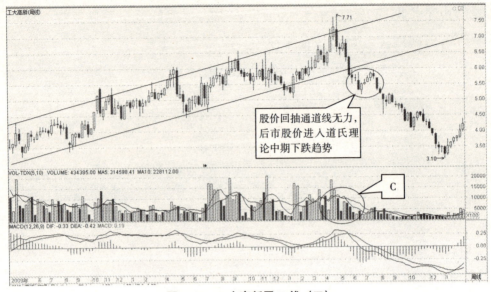

图 4-21　工大高新周 K 线（二）

地延续下来。从成交量来看，前期处于支撑线之上的该股，量能始终
维持在放大状态。而一旦股价弱势反弹却最终见顶，量能最终在图中
所示的 C 位置出现明显萎缩。从股价与量能两方面来说，判断该股的
见顶信号还是十分轻松的。该股可以长时间维持在上升趋势线和通道
线以下，是量能维持在放大状态的结果。若量能开始萎缩的话，股价
从高位进入下跌趋势，是经常看到的走势。进入中期下跌趋势后，若
没有量能的放大，股价要想反弹是很困难的，即使下跌趋势当中股价
的次级折返走势都不容易出现。

　　彩虹股份周 K 线（一）　如图 4-22 所示。

　　如图 4-22 所示，彩虹股份的周 K 线（一）中，此股的回升趋势
还是十分清晰的。股价维持在支撑线和通道线之间，不断地向上拉升。
但是，图中股价大幅度上涨到高位后，出现了两次突破通道线的走势，
但最终都以失败告终。这样看来，股价从此开始走弱的话，将会是大
势所趋。两次突破通道线未果，此股短线却向下回落，出现了跌破支
撑线的情况。这样，在成交量同时萎缩的情况下，股价的下跌将不可

避免地出现。在高位大幅震荡，股价上涨乏力的情况下，尽早减仓才能减少损失。

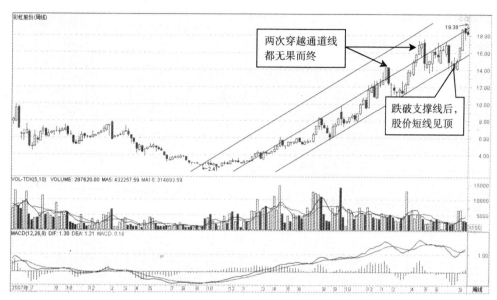

图 4-22　彩虹股份周 K 线（一）

彩虹股份周 K 线（二）如图 4-23 所示。

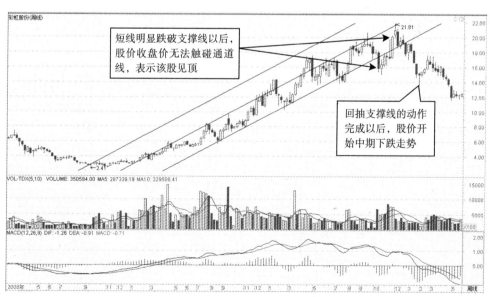

图 4-23　彩虹股份周 K 线（二）

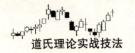

如图 4-23 所示，随着股价短线再次跌破支撑线，反弹以后股价又未能顺利突破该股的通道线，表示做空的时刻已经到来。随着上升趋势中的支撑线被跌破，股价短线的回抽支撑线的走势又没有量能的配合，进入长期的下跌趋势已成为现实问题。众多阴线形态出现，成交量再不能够放大的时候，趋势将不断延续下来。

彩虹股份周 K 线（三）如图 4-24 所示。

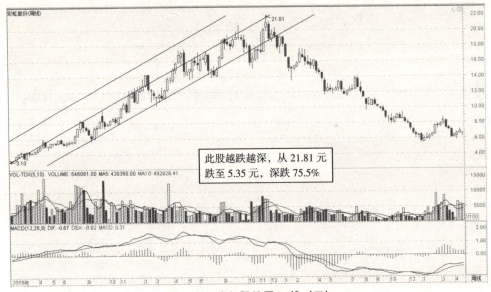

此股越跌越深，从 21.81 元跌至 5.35 元，深跌 75.5%

图 4-24　彩虹股份周 K 线（三）

如图 4-24 所示，彩虹股份的下跌趋势十分明确，自从回抽无望后，股价持续回落到底部的最低价 5.35 元，跌幅高达 75.5%。持续时间长达一年多的跌势表示股价已经进入到中长期的熊市中。此股的长期回落的熊市行情开始的位置，就是图中股价顺利跌破了长期回升的趋势。股价大幅下挫后，投资者高位减仓是不错的机会。

就在此股顺利进入道氏理论的长期熊市行情的时候，股价已经两次突破通道线失败，而且持续两次出现了跌破支撑线的走势。如此一来，提早一步减仓的话，投资者避开真正的顶部还是有可能的。

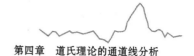

股价见顶过程是十分复杂的，下跌的走势也是一波三折。牛市见顶的过程中，股价会不断的试探支撑线的支持效果。若股价可以跌破支撑线，而且第二次跌破支撑线后股价明显地出现滞涨的走势，那么短线反弹的股价还未达到通道线以上，就会再次跌破支撑线，这就是彩虹股份见顶的过程了。

从周 K 线上来看，股价下跌的趋势一经确认，进入中长期熊市行情的概率是十分高的。原因很简单，股价在长期牛市行情中，运行趋势已经很明确了。跌破此长期回升的牛市行情是不容易的。一旦跌破支撑线，表明主力的实力已经大大增加，下跌趋势显然会不断地延续下来。把握反转点的最终突破点，减仓便可以减少损失了。

趋势线是判断股价运行趋势的主要依据，而通道线虽然起到辅助作用，却是必不可少的。两者结合起来用的话，投资者可以运用通道线提前判断股价运行趋势的转变信号，并且使用压力线或支撑线来直接看股价是否已经反转。

通道线和趋势线的区别在于，通道线和趋势线在相反的方向运行。通道线起到的作用和趋势线同样也是相反的。在判断股价运行趋势强弱的时候，通道线是不可或缺的直线。在牛市中，支撑线可以支持股价不断地达到新的高位。而股价无法达到通道线的时候，表明股价短线已经开始见顶，投资者以此作为减仓的依据还是非常不错的。而下跌趋势中，压力线作为打压股价下跌的趋势线，当然是不可或缺的。但是，股价在无法达到通道线的时候，就是股价反弹的信号了。通道线虽然无法直接表明股价的反弹信号，但可以从一个侧面证明。这个侧面就是股价无法重新跌至通道线的提前反弹走势。可见，通道线和趋势线在判断股价运行趋势的时候，其实是具有同等重要的地位。结合通道线和趋势线的走势，投资者很容易就可以得出相应的买卖信号。

第五章　道氏理论折返走势的黄金分割线分析

道氏理论里说的主要趋势、次级折返的走势都可以提前预期股价涨跌变化的反转点。而利用黄金分割率来勾画出相应的压力与支撑预期出现的点位，对于投资者提前判断买卖机会非常有利。从指数走势到个股的涨跌变化，从主要的多头趋势、空头趋势到折返走势、次级折返走势，都会出现在黄金分割位置上相应的调整情况。为抓住最佳买卖机会，投资者可以提前画出相应的点位，并根据将要出现的反转信号做出相应的买卖操作。

本章主要向投资者介绍黄金分割在股价运行趋势转变中的运用。相信投资者通过学习，一定可以掌握股价运行中反转信号变化的过程，把握住最佳的买卖时机。

一、黄金分割概述

（一）黄金分割线的起源

意大利数学家斐波那契曾在 13 世纪写过一本关于奇异数值的书。

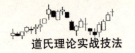

这些奇异数字并非单一的，而是一组数值的组合集：1、1、2、3、5、8、13、21……即任何一位数字都是前面两位数字的总和 $2 = 1 + 1$、$3 = 2 + 1$、$5 = 3 + 2$、$8 = 5 + 3$……依次类推。

相关文件说过，这些数字是斐波那契通过对金字塔的研究得出的。金字塔的几何形态中隐含的数字和这些奇异的数值息息相关。金字塔的形状中有 5 个面，8 个边，总数是 13 个层面。这里的 5、8 与 13 都是连续的奇异数字里的一员。

从任何一边看去，都能看到三个层面。金字塔的长度是 5813 英寸（5—8—13），而高底与底面比率是 0.618，也就是上述神秘数字的任何两个连续的比率，例如：

$55/89 = 0.618$，$89/144 = 0.618$，$144/233 = 0.618$

另外，一个金字塔五角塔的任意一边长度都等于这个五角形对角线的 0.618。

这组数字很有趣。0.618 的倒数是 1.618，例如 $14/89 = 0.157$、$233/144 = 1.618$，而 $0.618 \times 1.618 \approx 1$。此外有人研究过向日葵，发现向日葵花盘有 89 个花瓣，55 个朝一方，34 个朝向另一方。这组数字就叫神秘数字。而 0.618、1.618 就叫黄金分割率。

黄金分割率的最基本公式是把 1 分割成 0.618 与 0.382，它们有以下特点：

（1）从第三项起，数列中的任何一个数字都是由前两个数字之和构成。

（2）前一数字和后一数字之比，趋近于一固定常数，也就是 0.618。

（3）后一数字和前一数字之比，趋近于 1.618。

（4）1.618 和 0.618 互为倒数，其乘积约等于 1。

（5）任一数字和前面隔位数字之比，其值趋近于 2.618；和后面隔位数字之比，其值则趋近于 0.382。

理顺下来，上列奇异数字组合除了可以反映黄金分割的两个基本比例 0.618 与 0.382 之外，还存在下列两组神秘比值。也就是：

（1）0.191、0.382、0.5、0.618、0.809。

（2）1、1.382、1.5、1.618、2、2.382、2.618。

判断股价折返比例时，0.382、0.5、0.618、0.809 是非常常见的折返位置。指数在见顶回落的折返走势中，或是见底回升的折返行情都容易在这些黄金分割比例位置出现折返的情况。投资者如果可以把握住这些反转点，并进行相应的买卖操作，抓住反转机会并不是问题。如果主要的多头或空头市场延续了很长一段时间，并且超过了前期高位或低点的话，那么黄金分割比例的 1.382、1.5、1.618、1.809 的重要分割位就将对股价的运行趋势起到十分强的阻碍作用。这样，投资者能够提前预期这些反转点并进行相应操作，以免失去操作机会。

（二）黄金分割的重要画法

金科股份回落点的黄金分割如图 5-1 所示。

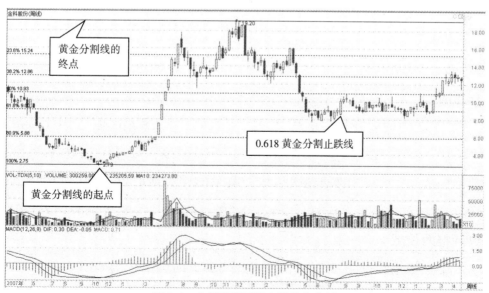

图 5-1　金科股份回落点的黄金分割

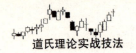

如图 5-1 所示，金科股份的周 K 线中，勾画出此股黄金分割点位的关键是寻找到该股企稳回升的点。图中左下角就是股价回升的起点。由最低价开始，一路延伸到此股主要多头市场的顶部最高价 19.2 元的高位。这样，判断股价折返后的止跌回升点就很容易了。股价在重要的黄金分割点 0.618 附近出现了很明显的企稳信号，表明此黄金分割点的支撑效果不错，股价自然出现了止跌企稳迹象。

二、黄金分割与道氏理论折返幅度

（一）牛市行情的黄金分割折返

牛市行情中，股价的运行趋势也是有无形的规律的。这些看上去似乎无形的规律，就是黄金分割率，从熊市中企稳回升并进入到牛市行情的个股，短线见顶回落时，企稳的位置可以用黄金分割线来判断。牛市行情中股价中短线回调的走势实际上就是次级折返的情况。运用黄金分割线来判断次级折返的位置，对投资者挑选合适的加仓机会十分有利。

0.382 的黄金分割线是黄金分割率中十分常见的分割点。中长期的牛市中，若出现次级折返情况的话，下跌幅度可以首先看跌至 0.382 的回调位置。0.382 的分割线是如何测量的呢？从股价反弹的底部至短线见顶的位置，股价应累计下跌 38.2%，才是股价短线见底回升的次级调整的位置。

中小板指数的月 K 线——牛市中 0.382 的黄金分割如图 5-2 所示。

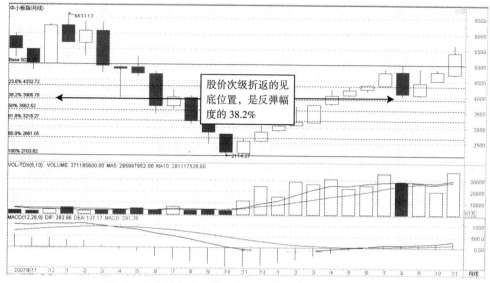

图 5-2　中小板指数的月 K 线——牛市中 0.382 的黄金分割

如图 5-2 所示，中小板指数的月 K 线中，此指数告别了持续时间长达十个月的调整走势后，终于开始见底回升。告别了长期调整的熊市行情。此股震荡走高的牛市中，调整情况明显在图中阴线处出现。

从黄金分割线来看的话，股价短线调整的位置可以下跌至 0.382 这个幅度。即中小板指数从底部的 2114 点开始反转，达到反转的高位 5000 点以后，累计上涨幅度达到（5000 - 2114）= 2886 点。即指数短线回调的位置应该是 2886 点的（1 - 0.382）处，是 [2114 +（1 - 0.382）× 2886] ≈ 3897 点。从图中指数回落企稳的点位来看，正是 4000 点附近的位置，表示判断是十分准确的。若投资者在日 K 线中判断股价的企稳回升点的话，其实可以更加准确地判断出点位。

中小板指数的月 K 线——第二次 0.382 的黄金分割如图 5-3 所示。

如图 5-3 所示，在长期牛市中第一次出现了回调走势后，此股继续在图中出现了调整的情况。不仅第一次能用 0.382 的黄金分割线来判断，第二次的次级折返的走势同样可以是 0.382 的分割线处。同样是从最底部的 2114 点开始计算，指数反弹到高位 6187 点时再次出现

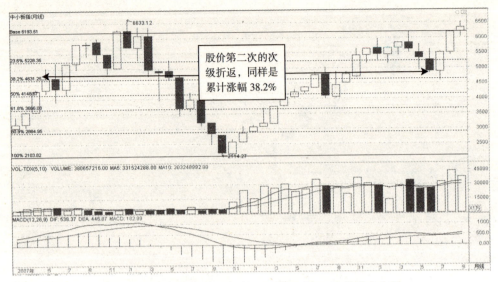

图 5-3 中小板指数的月 K 线——第二次 0.382 的黄金分割

次级折返的下跌调整点，应该是 $2114 + (6187 - 2114) \times (1 - 0.382) = 4631.114$ 点。从图中所示的股价次级折返走势结束的点位来看，此指数反转点正是在 4631 点附近。

中小板指数的月 K 线——重要反弹位置如图 5-4 所示。

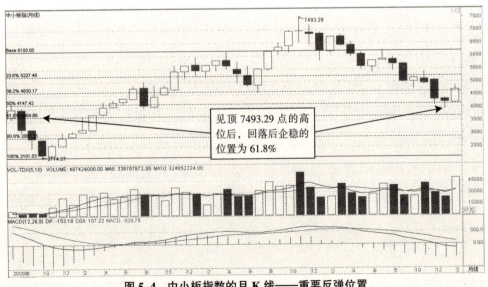

图 5-4 中小板指数的月 K 线——重要反弹位置

如图 5-4 所示，在完成长期牛市行情后，中小板指数最终轻松见顶最高点 7493.29 点，并开始了持续回落的走势。从最高点 7493.29 点开始计算的话，指数累计下跌的幅度达到 0.618 的黄金分割线。前期牛市中，股价短线回调的位置可以是 0.382 的幅度。但指数自从见顶最高点 7493.29 点后，需要调整的空间就很大了。指数之所以在 0.618 的分割线上出现了明显的反转，是因为此分割点在黄金分割率里边的特殊作用是其他分割点无法比拟的。如果投资者提前计算一下 0.618 的分割点对应的指数位置，并做好抄底的准备，还是有望获得很好的抄底机会的。

（二）熊市行情的黄金分割折返

虽然股价的运行趋势不同，但长期走势中的次级折返的情况却是常见的。熊市中，当股价回落至一定程度时，中短期的反弹走势可以说就是次级折返的情况。若还是用黄金分割的理念来提前预测相应的折返点的话，投资者就可以在指数回落到相应的黄金分割点时开始加仓，并获得一些短线的利润。

中小板指数的周 K 线——熊市中 0.5 的黄金分割如图 5-5 所示。

如图 5-5 所示，中小板指数的周 K 线中，股价的长期牛市行情终于出现见顶迹象。在量能达到图中 E 所示的地量程度时，此股终于开始逐渐走弱了。从成交量上来看股价已明显见顶，这样，此下跌趋势显然是和前期的牛市行情对应的道氏理论的中长期下跌趋势了。既然是中长期下跌趋势，那么在下跌图中，股价出现次级折返的反弹走势的概率是十分高的。其中 0.5 的黄金分割线也是值得投资者考虑的点位。

如此看来，在判断此股的反弹位置时，0.5 的反弹高度是非常值得关注的点位。图中中小板指数成功缩量见顶后，短线探底回升之后反弹的高度果然是此指数下跌空间的 0.5。指数见顶回落后能有这么精准

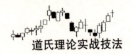

道氏理论实战技法

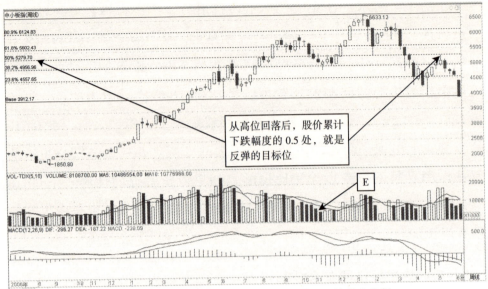

图 5-5　中小板指数的周 K 线——熊市中 0.5 的黄金分割

的重新回落点位，表示投资者是可以在这时候清仓的。说到底，选择合适的抄底机会的同时还需要在恰当的价位减仓甚至轻仓持股，这样做的目的是在尽可能控制风险的情况下增加收益。

中小板指数的周 K 线——熊市中 0.236 的黄金分割如图 5-6 所示。

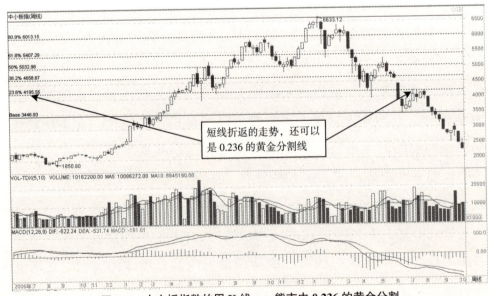

图 5-6　中小板指数的周 K 线——熊市中 0.236 的黄金分割

如图 5-6 所示，中小板指数的周 K 线中，此股的下跌趋势还是在延续着。虽说熊市中次级折返的情况十分常见，但股价的下跌幅度比较大的时候，短线反弹的幅度会越来越小。因为道氏理论说的中长期的熊市行情中，看涨的投资者会越来越少。追涨造成的股价反弹的空间也会越来越小。真正见底以前，股价的波动幅度会更小。这样，提前反弹到 0.5 的时候，以后的次级折返的幅度会不断减小。图中中小板指数再次下跌以后，反弹的高度只达到了 0.236 的幅度。判断反弹高度的时候，没有一定之规，股价却可以在相应的黄金分割点发生转变。一旦出现这样的信号，投资者就可以准备短线减仓了。

（三）个股的黄金分割折返

指数能在黄金分割位置上出现次级折返的走势，个股的走势总是和指数有一定的相关性。相关性高的个股，当然也能与指数出现同样的次级折返的情况了。并且，判断相应的反转信号出现的位置，也可以在黄金分割的点位上。更准确地说，个股的走势可以与指数的走势相关性很高，并且和指数在同样的位置出现次级折返的情况。当然，股价也可以和指数走势相似，而且在涨跌幅度上呈现出一定比例。如果果真如此的话，个股在道氏理论的牛市或熊市行情中，同样会出现相似的次级折返的情况。把握好大趋势的情况下，运用黄金分割点来判断次级折返的点位，就可以抓住熊市中的减仓机会或是牛市中的加仓时机了。

七喜控股周 K 线 0.382 的回调位如图 5-7 所示。

如图 5-7 所示，七喜控股的周 K 线中，此股反转下跌的次级折返走势在牛市行情持续九个月之后出现了。次级折返的情况总归不会成为影响股价长期牛市行情的因素。因此，用黄金分割的方法来判断折返的情况，股价恰巧在图中标注的 0.382 的位置上开始止跌回升了。

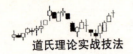

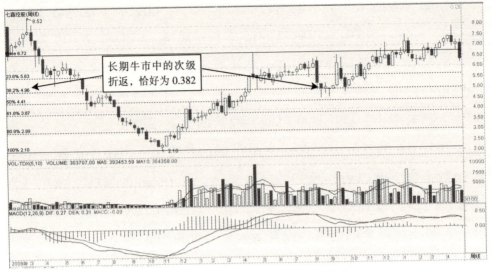

图 5-7　七喜控股周 K 线 0.382 的回调位

　　勾画出黄金分割线的时候，投资者可以从股价长期回升趋势的高位开始，一直延伸至股价前期底部价位。黄金分割线的位置恰好是 0.382，正说明次级折返的幅度并没有很高。判断理想的抄底机会，这个位置还是可以的。

　　七喜控股两阳线夹一阴线的看涨信号如图 5-8 所示。

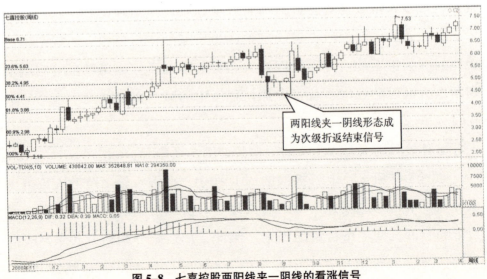

图 5-8　七喜控股两阳线夹一阴线的看涨信号

如图 5-8 所示，七喜控股的周 K 线中，此股的反转信号正是图中所示的两阳线夹一根阴线的走势。自从此股周 K 线中的见底信号出现后，股价开始顺利走出了次级折返的调整走势，延续了前期牛市行情。选择恰当的抄底机会时，若周 K 线当中的见底信号不够清晰的话，投资者可以在股价的日 K 线中选择恰当的抄底机会。日 K 线中的见底信号可以提前出现，而股价在周 K 线的见底信号却可以迟钝一些。如此一来，投资者选择抄底的机会就很容易了。

七喜控股熊市中的 0.382 回调如图 5-9 所示。

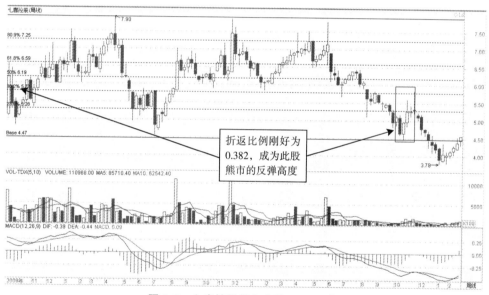

图 5-9　七喜控股熊市中的 0.382 回调

如图 5-9 所示，七喜控股在见顶回落以后，长期回落的牛市中的次级折返情况，股价反弹的高度同样可以是 0.382 的幅度。只是相对于牛市中的次级折返的情况而言，熊市中的次级折返走势的股价是上涨的，而且股价上涨的最高幅度可以在下跌空间的 0.382 处。

七喜控股十字星见顶信号如图 5-10 所示。

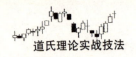
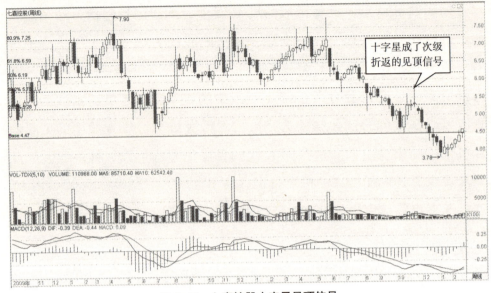

图 5-10　七喜控股十字星见顶信号

如图 5-10 所示，七喜控股的反弹走势出现于 0.382 处，十字星的见顶信号即为短线明显的见顶信号。同样地，既然判断出此股已出现了十字星的见顶信号，并且是在黄金分割线的位置出现的，那么短线在股价反弹到 0.382 处开始减仓就显得比较现实了。可以第一时间预期到反弹高度并做好减仓准备的投资者，才可以尽可能多地在获利的情况下达到减仓的目的。

三、十分重要的 0.618 回调

0.618 的黄金分割点位，其实是十分重要的分割点。特别是指数运行的中长期的走势中，大涨或大跌的情况过后，都会往反方向运行，寻找新的反转点。在中长期行情不变的情况下，指数反方向运行的幅度在大部分情况下不会超越 0.618。或者可以这么说，0.618 的黄金分

割点是指数长期牛市或熊市行情结束后一定要经历的调整点。尤其是趋势比较大的情况下，指数回调到 0.618 是一定的。

0.618 的黄金分割点之所以可以成为指数经常回调的位置。是因为此分割点已经超越了 0.5 的范围，在将要把前期的涨跌空间吞没一半的时候，多空双方的争夺进入白热化阶段。指数很容易在超过 0.5 而达到 0.618 的黄金分割位时出现反转走势。总之，0.618 的黄金分割点位是实战中经久不衰的重要分割点。重视这一分割点的投资者可以提前预期股价重要的反转价位，精准把握股价加减仓的时机，从而更好地获取投资机会。

（一）上证指数在牛市中的 0.618 折返概率

上证指数在牛市中出现折返走势，实际上是多头获利回吐造成的调整走势。从历史上来看，上证指数持续长时间大涨后，经历折返走势的概率还是非常大的。用黄金分割 0.618 的分割点来判断折返的点位是十分重要的方法。从牛市中指数累计上涨的高度来判断 0.618 的黄金分割点位，投资者可以很轻松地抓住买点。既然黄金分割的 0.618 是难以超越的。并且即使指数可以逾越这个黄金分割点，短线出现较大反弹的概率还是十分高的。

上证指数周 K 线——牛市中 0.618 的次级折返如图 5-11 所示。

如图 5-11 所示，上证指数的周 K 线中，指数从出现到今天的 20 多年里，持续大涨牛市行情还是十分多的。每当牛市行情结束的时候，股价都需要一定的调整走势。而牛市结束调整走势，就是前期获利的投资者获利回吐，而多方无法招架抛售压力造成的下跌。抛售压力再大，多方总会再一次控制股价的走向，所以牛市中的 0.618 的黄金分割点就在这个时候应验。历史经验表明，从上证指数编制完成至运用的 20 年里，无论是长达五年的调整，还是短至数月的下跌，都完美演

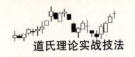

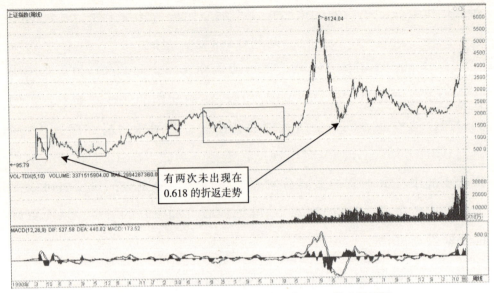

有两次未出现在
0.618 的折返走势

图 5-11　上证指数周 K 线——牛市中 0.618 的次级折返

绎着 0.618 的分割点。既然指数都已表现出如此精确的折返比例，那么个股走势当然也会在很大程度上遵循 0.618 的黄金分割原则了。把握好股价的 0.618 的熊市折返幅度，投资者就可以提前抓住建仓机会，为获得相应的回报做好准备。

若从概率的角度来讲的话，上证指数从 1991 年最初的 95.79 点运行至 2012 年时，四次比较大的折返走势都是出现在了 0.618 的黄金分割线上。在指数企稳以前勾画出黄金分割线对应的 0.618 位置，将对于投资者第一时间把握指数的走向十分有利。另外，有两次的折返走势并不在 0.618 的黄金分割线上。这表明 0.618 在上证指数的多头市场中成为折返比例的概率高达 67%。可见，使用此黄金分割线作为指数折返后的企稳点位是比较理想的做法。个股运行趋势和指数的运行趋势有很大的关联性，同样能够使用这种方法来操作。

（二）上证指数在熊市中的 0.618 折返概率

在主要多头市场中，指数的 0.618 的折返比例是十分常见的。指数在熊市中跌幅过大时同样会出现类似的折返走势。主要的空头市场中，指数折返走势更像是反弹的情况。一旦反弹幅度达到下跌幅度的 0.618，指数的折返走势也就结束了。

从概率的角度来看，0.618 的折返幅度不及主要多头市场的折返幅度。主要空头市场中，指数出现 0.618 的折返幅度的概率能从图 5-12 中看出来。此指数在熊市中出现了 0.618 的折返幅度有五次之多。但是，在指数长期运行趋势中，又有多达四次没有按照该折返比例运行。为什么进入熊市行情以后，指数折返的情况不容易达到下跌幅度的 0.618 呢？熊市中，指数下跌的走势是可以没有成交量的配合的。也即指数在无量的情况下完成折返调整的走势。因此，在主要空头市场中，指数反弹的幅度要达到 0.618 的高位是十分困难的事情。而主要的多头市场中，指数见顶以后折返至 0.618 的黄金分割线是比较容易的事情。只要投资者不参与股票买卖，使得空方的力量相对增加，指数自然会出现较大调整了。

上证指数周 K 线——熊市当中的 0.618 次级折返如图 5-12 所示。

图 5-12 所示的指数遵循 0.618 的黄金分割线的调整有五次，不遵循此分割点的调整有四次。运用 0.618 的黄金分割线来判断主要空头市场的折返情况，有 56% 的成功率。

如图 5-12 所示，上证指数的运行趋势中，判断此指数周 K 线的折返情况，熊市中折返比例高达 0.618 的情况已连续出现了五次。虽然其间也有四次熊市中的折返没有在 0.618 的地方出现，但这并不影响投资者提前判断指数反弹的机会。在主要空头市场里，指数是否反弹或者说指数什么时候会出现反弹的走势，其实是不确定的。与其说

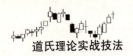

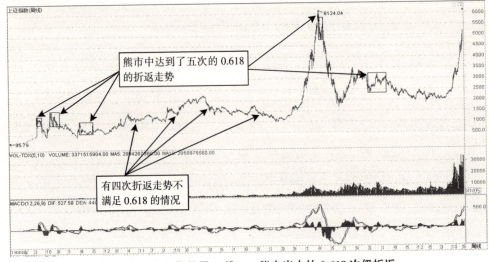

熊市中达到了五次的 0.618 的折返走势

有四次折返走势不满足 0.618 的情况

图 5-12　上证指数周 K 线——熊市当中的 0.618 次级折返

持仓在主要空头市场，等指数出现反弹时减仓，还不如提前清仓，避免指数下跌时造成损失。

主要的多头市场中尽可能地持股等待顶部出现，会获得更丰厚的利润。而主要的空头市场中持股，一定很容易遭受投资损失。即便指数在下跌的过程中出现了折返的情况，因为下跌趋势已经形成，指数也不可能完成反弹至前期高位的，投资者在此时面临损失是必然的。这样看来，主要的空头市场中，指数的反弹高度虽然不一定能达到0.618 的黄金分割线的位置上，却并不影响投资者成功减仓。即使指数没有反弹到黄金分割线的 0.618 处，投资者也可以在之前就开始建仓，避免扩大损失。

（三）0.618 折返的常见形态

0.618 的黄金分割线的折返位置，投资者是可以发现一些基本的反转形态的。股价的反转走势并不是骤然而至的，折返形态在此时发挥了很大的作用。0.618 的折返位置本身不是百分百会出现的，投资者提

前发现指数有转向的形态,可以提前调整仓位。这样,对于投资者抓住反转信号,第一时间做出反应十分有利。折返的常见形态中,有下影线很长的单根 K 线形态、穿头破脚形态与 U 形反转形态。这些形态表面上看似简单,却能成为理想的反转形态,对于投资者抓住买点十分有帮助。

1. 下影线探底 K 线形态

下影线探底的 K 线形态是投资者经常可以发现的反转意义的形态。特别在主要趋势中的折返走势中,K 线形态中出现很长的影线是股价短时期内发生反转的重要信号。例如在主要的空头市场中,指数短线杀跌的幅度很大的情况下,探底回升的下影线很容易出现在阴线 K 线形态中。此时,也正是投资者减仓的重要机会。下影线的出现,实际上是股价出现了折返的走势,如果不在第一时间减仓的话,损失很快在主要的空头市场延续时扩大化。

上证指数熊市中的次级折返形态如图 5-13 所示。

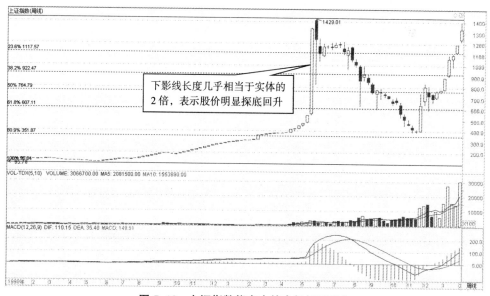

图 5-13 上证指数熊市中的次级折返形态

如图 5-13 所示，上证指数的周 K 线中，此指数在主要的多头市场成功见顶后，显然已开始进入到主要的空头市场。但是，起始阶段总会有多头不断反攻，阻止股价继续大幅度下挫的走势延续下来。就在这个时候，见底回升的阴线形态出现。图中周 K 线的下跌阴线，虽然收盘价格跌幅不大，下影线却十分长。这表明股价短线深跌并且反弹后，减仓的机会也就是这个时候了，作为 0.618 的黄金分割点，见底回升的带很长下影线的 K 线形态的确是不错的减仓机会。

2. U 形底形态

作为成功的反转形态，U 形反转形态可以说是很理想的调仓机会。股价在折返时，不一定可以形成 U 形的反转形态。这样的形态一旦确认，趋势将很快得到扭转。股价的折返走势很可能就会在此时停止。比如，主要的多头市场进入调整阶段时，股价结束调整走势的信号就是 U 形反转形态完成之时。U 形的反转形态能恰巧出现在 0.618 的黄金分割线结束之时，表示股价的折返走势结束了。

上证指数牛市中的次级折返形态如图 5-14 所示。

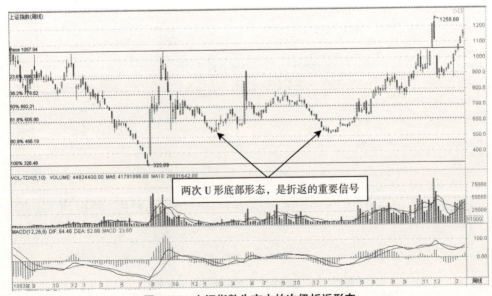

图 5-14　上证指数牛市中的次级折返形态

如图 5-14 所示，上证指数结束下跌的走势的明显信号是图中出现两次的 U 形反转形态。虽然黄金分割可以提前预测反转点，U 形的反转形态却是投资者不容忽视的反转走势。一经确认，趋势延续下来的可能性极高。后市指数的回升走势表示两次 U 形的反转形态成为该股最终走强的重要信号。把握好反转形态，抄底并获得利润将不成问题。

3. 穿头破脚形态

上证指数熊市中的次级折返形态如图 5-15 所示。

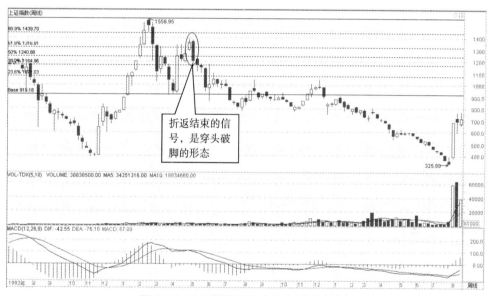

图 5-15　上证指数熊市中的次级折返形态

如图 5-15 所示，上证指数自从见顶回落后，在短线跌幅过大的情况下出现了折返走势。主要空头市场中出现这样的折返走势，是投资者短线减仓的机会。图中所示的见顶回落的大阴线和小阳线形成的穿头破脚形态是判断折返走势结束的重要信号。从指数后期的下跌趋势来看，穿头破脚的 K 线形态已成为主要空头市场的重要起点。

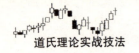

（四）0.618 折返后股价的走向

在完成黄金分割的 0.618 的折返走势后，股价的运行趋势基本上会延续前期的主要空头市场或是主要的多头市场。无论是主要的空头市场还是主要的多头市场，指数都不可能短时间内停止主要的运行趋势。量能未出现明显变化时，指数主要的运行趋势更不会轻易转变。

主要的多头市场结束前，即使短线经历了折返的走势，指数还是会继续大幅上涨。而主要的空头市场中，指数同样会在折返走势完成后延续前期的下跌走势。长期运行趋势并不会因为折返走势的出现而发生根本改变。通过成交量与指数运行趋势的关系，投资者就可以发现这一现象。

折返情况主要分为两种：第一种是次级折返走势。次级折返的走势并不能改变股价的运行趋势，却可以达到调整的目标。正如道氏理论中所说的，主要的多头市场或是主要的空头市场会在发展到一定阶段时出现相应的反方向的调整走势，也就是我们所说的次级折返的情况。次级折返走势中，虽然股价的运行趋势发生了改变，主要的多头或是空头趋势却不会改变。第二种是主要的多头市场或是主要的空头市场出现结束信号后，开始真正的反方向的运行趋势。主要的运行趋势之外的反方向的运行趋势即所谓的折返走势。主要运行趋势相反的折返走势可以使用黄金分割来判断具体什么时候会停止这种折返的情况。而成交量在此时的作用就是断定指数的折返走势停止的位置。

四、0.382 与 0.5 的回调

0.382 和 0.5 的黄金分割的回调位置，其实也是常见的折返幅度。0.382 的黄金分割线位置调整的幅度虽说不是很大，却是短线调整的重要折返位置。而 0.5 的回调位置不太容易突破，更容易在股价调整的阶段出现。在指数运行过程中，那些比较小的调整，是可以用 0.382 的分割点来判断的。稍微高一些的回调就能用 0.5 的分割点来判断了。0.382 的回调幅度较小，是出现概率很高的黄金分割位。0.5 的黄金分割位置当然也是十分重要的，毕竟指数回调达到了主要趋势的一半，出现调整也是意料之中的事。

（一）0.382 与 0.5 的短线调整

华东数控短线调整至 0.5 如图 5-16 所示。

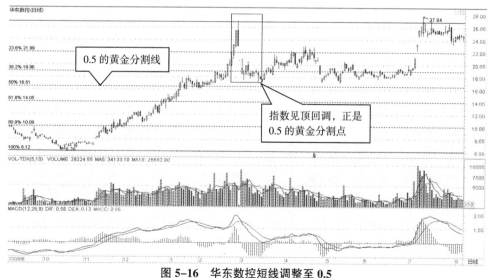

图 5-16　华东数控短线调整至 0.5

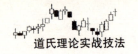

如图 5-16 所示，华东数控的日 K 线中，此股出现见顶的冲高回落的倒锤子线后，马上出现了一个"一字"跌停板，指数大幅度下跌走势就此展开，图中指数调整到 0.5 的黄金分割点时才出现了企稳的信号。这样看来，投资者选择在 0.5 的黄金分割点上开始短线加仓是较理想的操作。0.5 的黄金分割点处，股价持续缩量调整了三个月以上，却并未跌破此支撑位。这样，短线加仓的话，不会错过获利机会了。股价调整到 0.5 的黄金分割点后的三个月过后，股价大幅冲高了三个涨停板，表示黄金分割点上抄底已经成功获得相应的利润了。

(二) 0.382 与 0.5 的次级折返走势

黄金分割位的 0.382 与 0.5 的次级折返的情况，出现的概率也是十分大的。主要的多头市场或空头市场中，趋势较大的情况下，指数次级折返的走势并不会达到 0.618 的黄金分割点以上。而如果换成 0.382 的黄金分割点，达到的可能性就很高了。次级折返的情况是与大趋势相悖的，调整力度突破 0.5 的位置其实很不容易。0.382 的位置就相对容易多了。

创业板指——0.5 的次级折返如图 5-17 所示。

如图 5-17 所示，创业板指数的日 K 线中，此指数见顶反弹的过程中，首次折返的幅度就达到了 0.5 的黄金分割位置。这样，对于指数见顶期间没有完成出货的投资者来说，显然是一个减仓持股的最佳机会。进入主要空头市场的初期阶段，指数下跌的幅度不会太大。多头在此时更容易占据主动，促使股价快速折返。虽然不能帮助已亏损的投资者获利，但减少损失还是很容易的。此指数初次见顶回落，反弹的幅度可以达到 0.5 显然不易。

创业板指——0.382 的次级折返如图 5-18 所示。

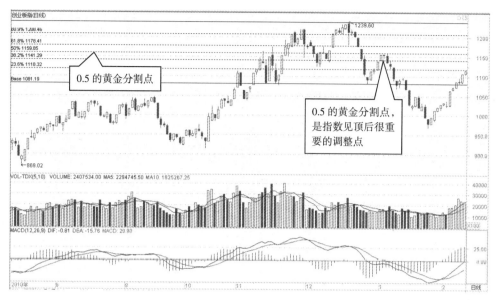

图 5-17　创业板指——0.5 次级折返

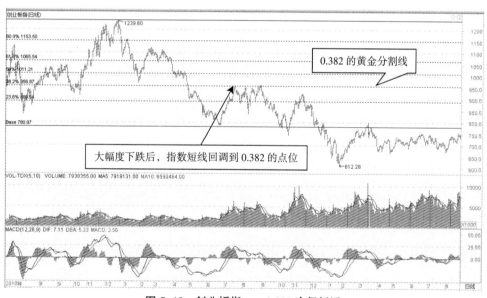

图 5-18　创业板指——0.382 次级折返

如图 5-18 所示，创业板指数的日 K 线中，此指数显然已经处于主要空头市场中了。大幅度杀跌而后反弹的走势不断上演，指数却从没有出现真正的反转信号。在这样一个主要的空头市场中，保全利润

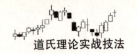

是最重要的，短线反弹的获利机会不容忽视。图中创业板指数大幅反弹的走势一直延续至黄金分割的 0.382 的位置。这表示至少从短线来看，投资者有望获得高达 38.2% 的投资回报。这样高额的短线利润，任何短线投资者都不愿意错过。

0.382 的黄金分割率中，指数次级折返的幅度虽然不是很高，但是指数涨幅达到 38.2% 时，强势个股的涨幅应远在这一幅度之上。简单算一下，两倍于指数涨幅的情况就是高达 38.2% × 2 = 76.4% 的利润。操作一般的投资者也能获利超过 50%。可见，0.382 的黄金分割位的次级折返情况是不容忽视的。0.382 的黄金分割位置与前期两次出现的 0.5 的反弹高度相比显然要低得多。但这并不能妨碍投资者获得短线利润。指数虽然大幅下跌，反弹的高度还是值得肯定的。38.2% 的反弹幅度同样是短线获利的机会。

五、0.809 的过度回调

指数的回调位置如果可以达到 0.809 的黄金分割点，那回调力度一定是很高的。与其说是回调，倒不如说是主要的多空市场。因为，相对于主要的多头市场或空头市场，指数反向调整到 0.809 的黄金分割位，几乎前期指数运行的大部分涨跌空间都已消失。

比如，前期若是主要的多头市场的话，指数上涨幅度达到 100% 的水平时，进入调整走势后，指数再反向回调 80.9%，达到黄金分割点 0.809 的位置的话，主要多头市场的最终涨幅仅仅为 19.1%。

既然 0.809 的回调位置非常深，主要的多头市场或空头市场面临这样的调整走势时，前期涨跌幅度的影响将是非常巨大的。0.809 的黄金分割点既然是十分难以逾越的回调点，一旦确认指数达到这样的调整幅度，那么到时进行仓位的调整，获利的可能性就会非常高了。

（一）牛市过后 0.809 过度回调

牛市行情是主要的多头市场，一旦出现见顶信号，调整幅度就不确定了。进入熊市以后，股价基本的趋势就是下跌。下跌到什么地方会停止呢？往往进入调整的指数，下跌空间不会达到前期上涨高度的0.809。也就是说，0.809 的黄金分割点是十分难以逾越的支撑位。而一旦股价下跌至此黄金分割点，那么反弹就是必然的。0.809 的黄金分割点表明股价下跌的幅度已经很深了。如果再次下跌，一定会把前期的上涨幅度全部勾销。即使是在前期主要的多头市场启动之前买入股票的投资者，也会在股价跌破 0.809 以后继续下跌的情况下遭受损失。

天药股份 0.809 的过度回落调整如图 5-19 所示。

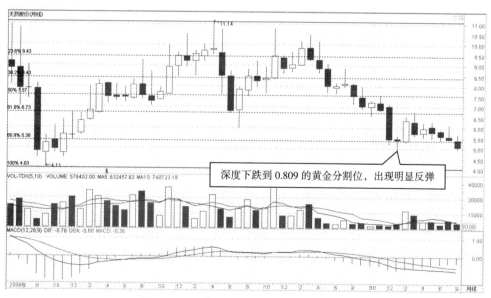

图 5-19 天药股份 0.809 的过度回落调整

如图 5-19 所示，天药股份月 K 线中，股价成功见顶 11.14 元的高

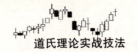

位后持续下跌。股价在高位形成两个完美的双顶形态以后，主要的空头市场中下跌了80.9%。这表明黄金分割线0.809所在的价位表现出十分强的支撑效果。股价在此价位开始快速反弹，表明此股已经跌无可跌了。作为黄金分割率中折返情况最大的一种，0.809的黄金分割线比例是投资者必须深度挖掘的抄底机会。既然图中股价已出现了明确的放量，而且一根见底的小阴线十字星确实收盘在0.809附近，表示这个位置的支撑效果十分好。如果从指数运行的长期趋势来看，牛市行情明显是主基调。对于天药股份这样的下跌空间已高达80.9%的熊股，止跌回升并且进入到主要的多头市场，时机明显已经成熟了、调整时机长达21个月的情况下，出现反转走势其实也十分正常。

（二）熊市过后0.809充分反弹

在主要的空头市场中，从指数触底反转的幅度上来看，最高可以调整至黄金分割位的0.809附近。并且随着股价维持反转的趋势，上涨的动力会一直存在。从黄金分割的0.382到0.618最后到0.809的位置，都是可以不断突破的。只不过在股价突破的过程中会出现一系列的次级折返情况。但在大趋势不变的情况下，即便次级折返的幅度非常大，也无法改变这种主要的多头行情。可以说，反转力度很大的股票，到达0.809时会遇到非常强的阻力。股价在这个位置上如果可以成功突破，超越前期历史高位的可能性就大大增加了。

闽东电力月K线反弹到0.809附近如图5-20所示。

如图5-20所示，闽东电力的月K线中，股价大幅冲高后，出现了很大的调整情况。而黄金分割的0.809的位置就是此黄金分割线理想的次级折返的起点。主要的多头市场不断地延续，调整情况虽然显著，却无法改变股价运行的大趋势。如果不是比较牛的股票，反弹到0.809之后，达到前期的历史高位的可能性并不很高。一旦0.809的次

级折返情况结束，股价会再次攀升，超越前期高位是轻而易举的事。

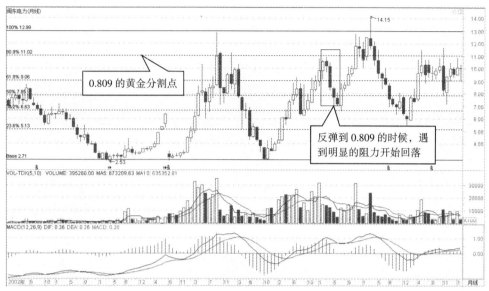

图 5-20　闽东电力月 K 线反弹到 0.809 附近

（三）熊市调整结束后的见底信号

熊市调整结束信号有很多种，其中，放量拉升的见底阳线是十分显著的底部信号。如果放量阳线可以和前期阴线完成吞没形态的话，将是今后看涨的重要信号。股价不可能在大幅度下跌以后出现见底信号还无动于衷。把握好股价的底部特征，并且选择机会抄底建仓，就可以获得相应的回报。

哈空调放量拉升的见底阳线如图 5-21 所示。

如图 5-21 所示，哈空调的月 K 线中，下跌趋势明确，此股见底的信号同样比较明显。在量能放大的情况下，见底回升的小阳线吞没了前期大部分阴线实体，表示多方实力发生了根本变化。空方力量相对下降的这个阶段，股价开始逐渐反转，进入到了主要的多头市场。也许日 K 线中会出现一些看似企稳的见底信号，但这些信号可能是假的。月 K 线中的企稳信号就不一样了，股价会在这个阶段快速反弹，

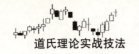

直到主要的多头行情真正形成为止。

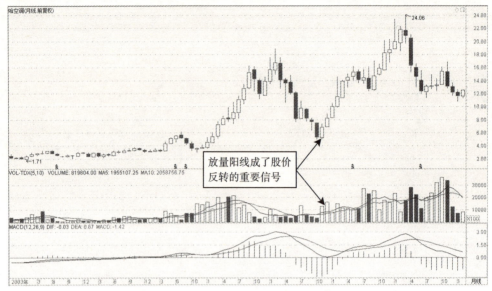

图 5-21 哈空调放量拉升的见底阳线

（四）牛市结束后的见顶信号

主要多头行情结束的信号，一定是股价的大幅度回落。表现在 K 线当中，大阴线的 K 线形态是很常见的反转信号。主要的多头市场中，当然也可以出现大阴线。不过大阴线出现以后，主要的多头市场并不会改变运行趋势。而一旦大阴线出现在股价的顶部，而且有量能明显萎缩的信号出现，后市这种顶部特征进一步验证的时候，表示股价距离见顶真的已经不远了。

天药股份见顶的大阴线如图 5-22 所示。

如图 5-22 所示，天药股份的周 K 线的复权线中，股价明显的见顶信号明显是图中出现的缩量大阴线。在缩量大阴线大幅度下跌以前，此股顶部也曾出现过不少的阴线下跌信号。投资者如果能持续关注该股的走势，其实很容易就可以发现卖点。缩量中形成的大阴线形态并没有在之后延续下跌趋势。股价大幅度反弹的过程中，给投资者提供

了减仓的机会。

图 5-22　天药股份见顶的大阴线

天药股份冲高回落的倒锤子线如图 5-23 所示。

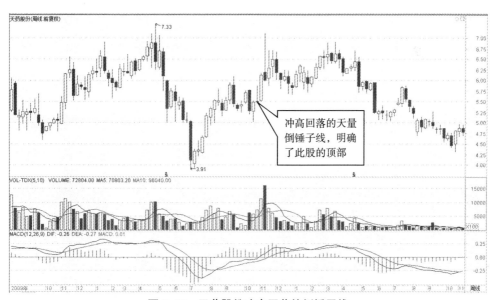

> 冲高回落的天量
> 倒锤子线，明确
> 了此股的顶部

图 5-23　天药股份冲高回落的倒锤子线

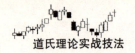

如图 5-23 所示，如果说缩量中完成的大阴线还无法构成顶部信号，那么股价反弹以后再次出现的冲高回落的倒锤子线再次印证了此股的顶部特征。后市股价在缩量的状态下持续走弱，表示此股的主要空头市场在不知不觉中完成了。从 K 线形态来看，要想抓住该股的顶部，大阴线与冲高回落的倒锤子线是投资者不得不深度挖掘的顶部信号。把握好这些顶部特征，以后不管股价缩量中出现什么形态，投资者都不会被假象所蒙蔽。

第六章　道氏理论折返走势的百分比线分析

百分比线在划分股价波动范围时，运用得也十分广泛。和黄金分割点相似，股价会在百分比线附近出现相应的调整走势。就这一点来说，投资者就应把重点放在百分比线的调整走势中，并进行相应的短线调仓操作，才可以更好地适应短线股价走势的变化和主要的运行趋势的发展。

本章重点介绍百分比线中的筷子线的作用、百分比线和黄金分割线之间的关系以及百分比线与波浪理论中股价波动的关系，并从实战的角度帮投资者理解百分比线在主要多头行情和空头行情中的运行方法、获利途径。

一、百分比线概述

（一）百分比线的概述

百分比率的原理用在百分比线上，可以使股价的涨跌过程很清晰地体现出来。百分比线能把前期重要高点与低点的涨幅用 1/8、2/8、

1/3、3/8、4/8、5/8、2/3、6/8、7/8、8/8 的比率生成百分比线。在各比率中，4/8 是最重要的。1/3、3/8、5/8、2/3 四条百分比线相隔很近，可以提供不错的支撑与压力作用效果，投资者应给予关注。在黄金分割线中，0.236、0.382、0.5、0.618、0.809 其实对应着百分比线中的0.2、0.333、0.5、0.667、0.75，两种数字其实是十分接近的。判断支撑和压力效果时，两者可以结合使用。

在百分比线中，33.3%和66.7%的分割点是十分重要的位置，相似的百分比线还有对应的 37.5%与 62.5%。33.3%与 37.5%、66.7%与62.5%这两对百分比线被称为"筷子"。也就是说，股价若运行至筷子线附近时，在下有支撑上有压力的情况下，股价会在两个百分比线之间频繁波动。波动过程中，正是投资者做短线操作或是调仓的重要机会。今后成功获利，在筷子线附近就是比较理想的买卖点。

百分比线在运用过程中，还可以和波浪理论相结合来判断买卖机会。股价处于主要的运行趋势中时，价格波动的过程其实就是八浪循环的过程。判断八浪循环的转折点对于投资者抓住买卖机会十分有利，获得相应的投资回报。而百分比线的分割点对股价的转折点的判断是十分有帮助的。买卖时机的选择，预先勾画出百分比线对应的相应价位，这样有助于投资者判断加仓机会。

（二）百分比线的重要画法

从百分比线的画法上来看，投资者在不同情况下找准起始点是最重要的。判断主要多头行情结束后的支撑位置，可以从前期股价的最高位向价格最低点引百分比线，便能得到相应的百分比线。百分比线较多所在位置的价格，即为多头趋势结束后价格回落中的支撑位。判断空头趋势结束、多头趋势出现之后的价格反弹压力位，可以从股价的低点向价格高位画百分比线，对应的百分比位就是重要的压力位。

方大炭素主要多头趋势反弹高度如图 6-1 所示。

图 6-1 方大炭素主要多头趋势反弹高度

如图 6-1 所示，方大炭素的周 K 线中，判断此股见底回升后的主要多头市场的反弹高度，投资者可以从图中的百分比线来判断。从百分比线的画法上来看，可以以前期主要空头市场的底部为起点，向前期历史高位画百分比线。图中出现的百分比线的 25.0%处，对此股的上攻产生了十分大的压制作用。判断股价预期会出现的回落点，可以从百分比线的各个百分位判断。

用百分比线判断股价运行趋势时，从画法上来看，应顺着股价将要运行的趋势来画。若投资者判断股价从主要的空头市场进入到主要的多头市场的话，就可以从前期主要空头市场的底部向高位画百分比线。而若股价出现了明显的顶部特征，即将从主要的多头市场转化成主要的空头市场的话，投资者就可以从多头市场的顶部向底部画百分比线。两种画法中，百分比线都是顺应股价运行趋势来的，都可以提供股价预期会出现的折返点位。

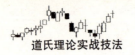

二、百分比线和黄金分割线

(一) 百分比线和黄金分割线的相似之处

百分比线与黄金分割线都是用不同的分割点，对股价将会遇到的阻力或支撑提前判断。其不同之处，就是黄金分割率对股价划分的分割点是有一定规律的 1、1、2、3、5、8 一系列数值形成的黄金分割点。这些黄金分割点中，比较重要的是 0.382、0.5 与 0.618。而百分比线中的分割点是用 1/8、2/8、3/8、4/8、5/8、6/8、7/8 来判断不同的折返点。不过，比较常用的百分比分割点有 25.0%、33.3%、50.0%、66.7%等分割位。

黄金分割点和百分比分割点，两种分割股价的方法十分相似，都是顺应股价运行趋势的方向选择高位与低点，画出百分比线或是黄金分割线。两种画法中，不同的分割点对股价的作用效果是不一样的。比较重要的分割点总可以对股价的运行趋势起到相应的支撑或压制作用。判断方向若正确，而且方法得当，在股价转向前操作股票是不成问题的。当然，想要准确判断买卖机会，只会画分割点是不行的，对股价运行节奏的准确把握和丰富的经验，都是投资者成功运用百分比线与黄金分割点的重要保证。

(二) 重要分割点的频繁波动

比较重要的百分比线中，股价波动的频率是十分高的。在投资者心里，重要的百分比线往往被认为是比较容易选择的操作点。买卖股

票的操作容易在那些被认可的百分比线上出现。投资者在获利到一定程度或亏损到一定阶段的时候，运用百分比来衡量盈亏程度是十分正常的事情。例如，在主要的多头市场中，投资者若恰好抄底在股价底部的话，一旦获利达到50%的程度，恐怕很多的投资者都会在兑现利润的过程中进行短线减仓操作。如此一来，股价在反弹幅度高达50%的情况下出现回落的情况，其实是大部分投资者同时看空的结果。不但是在牛市当中股价反弹幅度高达50%的情况下会出现调整，即使是主要的空头市场中，若股价大幅度下跌至前期牛市行情的一半的话，那将是减仓的重要机会。

就如预期的那样，股价预期的运行趋势，反转点总是在大部分投资者将要采取买卖操作的时候出现。但考虑到百分比线划分点还是比较多的，股价具体在哪一个位置出现反转，还需要看情况。从股价运行趋势的角度来看，强势运行的股价总会在比较典型的百分比分割位置上出现调整。而若股价运行趋势并不明显，那么百分比分割点的每一个位置都是会出现调整走势的。

对于那些趋势不明朗的个股来讲，投资者参与的力度不应过大。股价如果运行趋势不好，上涨到每一个百分比分割点都要出现调整，时间久了股价的上涨幅度受到很大影响。倒是那些主要多头市场中运行的强势股，相对来说，在百分比线的调整次数是要少得多。而且随着股价上涨节奏的加快，同样的时间里强势牛股的获利程度是很高的。

从百分比线的重要程度看，33.3%、50.0%和66.6%的百分比分割位都是不可轻易忽视的分割点。股价在运行到这些分割点的时候，要么放量一举突破，要么就是持续很长时间的调整走势。

三一重工如图6-2所示。

如图6-2所示，图中12.5的位置出现了十分明显的调整。12.5%是百分比线的第一条，被突破的可能性极大。图中股价见底回升后首

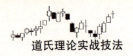

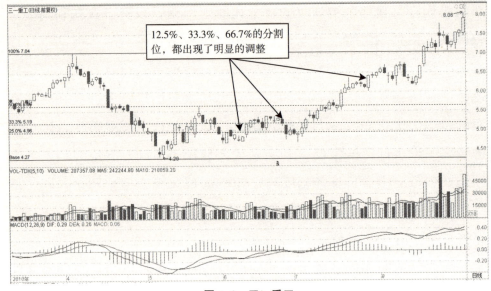

12.5%、33.3%、66.7%的分割位，都出现了明显的调整

图 6-2　三一重工

次站稳的分割线即为百分比线的 12.5%的位置。

从 12.5%~33.3%的位置上，股价同样出现了十分强的阻力而开始调整。33.3%~37.5%百分比线的地方，称为"筷子线"。此位置对股价的压制作用十分强。所以图中股价两次冲高到此位置都是出现了下跌回落的走势。

百分比线的 62.5%与 66.7%的地方，同样是压力很大的价位。股价的调整并没有停止，在 66.6%的价位附近，此股两次冲高失败后，短线回调到 62.5%的分割位寻求支撑。可见，三一重工在两个筷子线附近出现调整走势并非突然。正是此位置的阻力大幅增加才造成了横向调整走势的出现。操作股票时，投资者重视这些潜在的调整位置，才能轻松躲过调整获得利润。

既然百分比线对应的价位存在重要的阻力，那么股价频繁波动也是正常的走势。调整并不可怕，可怕的是投资者无法认清主要趋势是什么。等待股价调整结束以后再开始顺势操作股票，有望获得较好的

操作机会。百分比线对应的股价运行的阻力并不相同，很多阻力线是可以被突破的，只不过股价调整到位需要时间与波动空间。

三、神奇的"筷子线"

（一）"筷子线"的组成

百分比线中，两组比较接近的线是33.3%与37.55%、62.5%与66.7%。这两组比较接近的百分比线被称为"筷子线"。无论股价的运行趋势是什么，当价格达到筷子线时，短时间的调整就会相应出现。股价在筷子线之间频繁地波动的情况是十分常见的。这个位置并不容易突破，股价需要很长的时间来消耗阻力。实战中，投资者在"筷子线"附近操作股票的机会还是非常多的。价格突破"筷子线"并不容易，投资者能尽情地选择恰当的操作机会。

由于筷子线附近的阻力十分大，股价运行中一定会遭受一定的阻力作用。短线的调整势必会在"筷子线"附近出现。投资者可以尽情享受调整到来的调仓机会。主要多头市场中，筷子线附近的调整走势刚好是提升仓位的好机会。而若是主要的空头市场，利用股价短线调整的机会减仓操作当然可以减少损失了。从下边的例子当中，投资者就可以知道，股价在筷子线附近的频繁波动造成的买卖机会是非常多的。

（二）牛市中"筷子线"的加仓

牛市中，股价的运行趋势持续向上，百分比线附近的阻力对股价的中短期走势有一定影响。横盘调整的情况常常出现在筷子线附近，

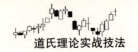

投资者可以利用矩形调整的形态建仓买进股票。一旦股价重新回到主要的牛市行情中，投资者能继续获得利润。从指数的角度来看，大幅杀跌以后，企稳指数的上升趋势是一波三折的。没有量能的持续推进，短线套牢盘的抛售压力足以遏制股价的上升势头。筷子线附近的阻力特别重要。指数回升到筷子线附近时，短线调整将不可避免地出现。

上证指数如图 6-3 所示。

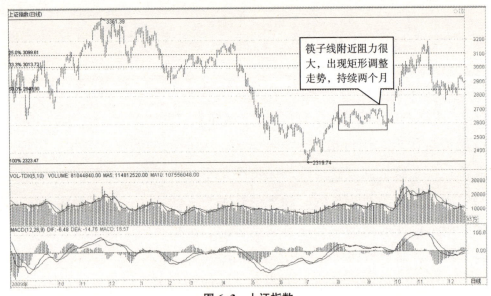

图 6-3　上证指数

如图 6-3 所示，上证指数的日 K 线中，见底回升的过程是一波三折的。此指数从 2009 年的 12 月至 2010 年的 6 月，出现了持续不断的缩量调整。指数由高位的 3361 点大幅度下跌至 2319 点，跌幅高达 31%。相比指数的下跌幅度，个股拦腰折断跌幅的数不胜数。

图中指数见底反弹后，短线遇到的阻力是十分高的。百分比线 62.5%~66.7% 的范围内，股价出现了矩形横盘调整走势。刚成功反弹上涨的上证指数，拉升时间不足一个月，调整时间却足足有一个半月，这表明"筷子线"附近的阻力还是十分强的。

　　从筷子线附近的上证指数运行情况来看，股价短线波动的空间实际上没有大幅超越此"筷子线"。更多的时间里，指数运行在62.3%与66.7%的范围内，而没有像样的大涨大跌的走势出现。在波动空间这么小的情况下，投资者要想抄底或减仓的话，短线操作的机会非常多。看涨后市的投资者可以在此时加仓买入股票。而对指数后市的走向不抱乐观态度的投资者也可以在此时减仓持股。

　　中国化学如图6-4所示。

图6-4　中国化学

　　如图6-4所示，中国化学的日K线中，股价反弹中的两次阻力来源都在"筷子线"附近。股价被拉升的过程中，两次回落位置都是图中33.3%附近的筷子线。当时股价两次见顶于33.3%时，投资者可以提前预期到这次的调整走势，并减仓应对。股价第二次调整的情况出现在66.6%的"筷子线"附近。

　　两次"筷子线"附近的调整，投资者可以预期调整一定会出现，而且在股价达到33.3%、66.7%以前减少持股数量，这样就不会造成投

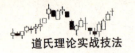

资损失了。等待股价企稳在百分比线 33.3% 与 66.7% 之上快速加仓，再次获得股价飙升中的利润。

主要多头趋势中，股价上涨的动力在短期内不会因百分比线的压力而消失。调整是存在的，不过股价运行的中长期走势是非常好的。投资者在操作上把握股价上涨的大趋势，才可以轻松获利。在"筷子线"的阻力面前，减仓持股是第一位的。短线调整虽说不可避免，但投资者减少损失却是可以做到的。在股价调整结束以前，仓位上跟随股价的运行趋势。调整之时减仓，企稳以后逐步加仓，增加收益就十分容易。在股价调整阶段逆势操作，遭受损失的可能性是非常大的。

（三）市中"筷子线"的减仓

在股价进入主要的空头市场以后，下跌趋势不会因为百分比线中"筷子线"的存在而停止，但短线反弹的可能性还是非常高的。从操作上看，熊市中应该不断减持，没能在股价顶部减仓的投资者还是可以等待股价将要在"筷子线"出现的反弹走势中减仓的。虽然会遭受损失，但也是不错的减仓机会。

若指数下跌的趋势不是非常大，而且在筷子线附近出现明显的企稳迹象，那么投资者可以在股价调整时抄底。筷子线处的支撑效果非常强，把握好支撑点，获得短线股价折返过程中的利润还是非常轻松的。

上证指数如图 6-5 所示。

如图 6-5 所示，上证指数的日 K 线中，此指数成功见顶了最高点3478 点以后，双顶成为指数的顶部。下跌过程中，百分比的分割点中的筷子线成为指数下跌途中的重要支撑点。图中指数短暂反弹的走势，表明此位置的支撑依然存在。套牢的投资者可以借由这个短暂调整的机会短线减仓。当然，资金量较大的投资者可以在筷子线调整阶段加

仓买入股票。如此一来，就能用短线股价反弹的机会，探底持仓成本，降低投资损失了。

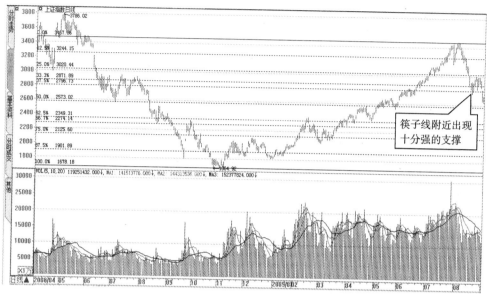

图 6-5　上证指数

上证指数如图 6-6 所示。

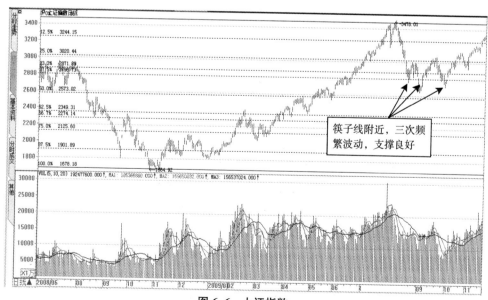

图 6-6　上证指数

153

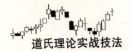

如图 6-6 所示，上证指数的日 K 线中，在筷子线处的反弹持续出现了三次。这样看来，筷子线处的支撑效果还是可以的。股价在筷子线处的持续调整走势为投资者短线高位减仓提供了依据。而且短线筷子线底部少量买入股票的话，还有获得短线收益的机会。当然，股价毕竟已经脱离前期的主要多头行情进入到了熊市中，长期来看，投资者还是应持续减仓持股，否则一定会遭受损失了。

上证指数如图 6-7 所示。

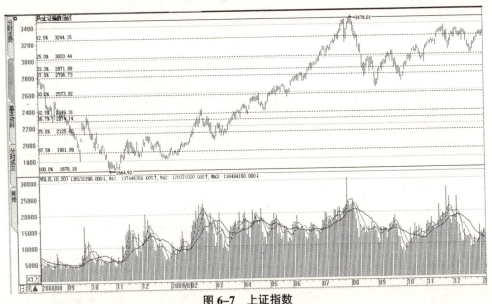

图 6-7　上证指数

如图 6-7 所示，上证指数的日 K 线中，指数短线反弹幅度高达 20%，但指数却未达到前期高位。这表示筷子线处的支撑效果虽然十分强，却无法改变股价的主要运行趋势。主要的空头市场成为指数运行的大趋势，投资者短线即使是看涨，也不应忽视指数正处于主要的空头市场中，下跌调整是大势所趋，短线指数折返幅度再大，却无法成为长期的走势。所以在筷子线处调整过程中，股价上下波动的时刻既是短线操作的机会，同时也是长期投资者减仓的机会。

双钱股份如图 6-8 所示。

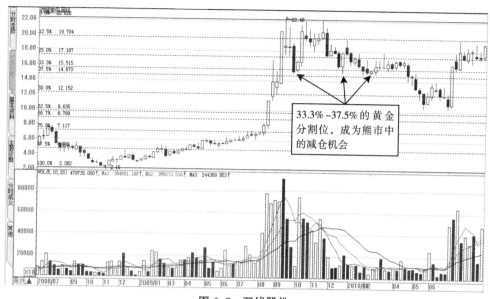

33.3%~37.5% 的黄金分割位，成为熊市中的减仓机会

图 6-8 双钱股份

如图 6-8 所示，双钱股份的周 K 线中，股价成功见顶后，中线调整的情况就已出现了。既然股价主要的多头行情已结束，那么不可能没有股价的调整。图中股价大幅下挫至筷子线附近，显然是得到了十分强的支撑作用。在以后长达 8 个月的时间里，股价都没有跌破此支撑线。投资者想要获利的话，可以在 33.3%~37.5% 做短线操作。股价跌破了前期主要多头趋势后，持续下跌的走势显然会延续下来。实际上，股价不断震荡走弱的过程中，短线可以调仓甚至做多，而对于中长线减仓来说，持有股票是必然的选择。

双钱股份如图 6-9 所示。

如图 6-9 所示，双钱股份前期持续调整的走势维持在筷子线处长达 8 个月，后期股价短线跌破此支撑点后，再次维持在筷子线以上。差不多一年半的时间里，股价都维持在筷子线之上。这表明脱离了主要的多头市场后，股价下跌的情况不断地持续着。维持在筷子线以上

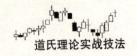

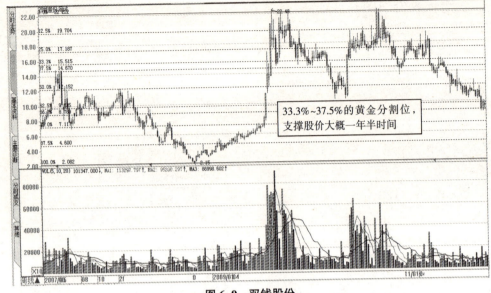

图6-9 双钱股份

的时间虽然比较长，股价却最终大幅下跌结束。可见，筷子线处的支撑效果只可以维持股价短线调整，却无法改变股价长期主要空头市场的延续。

四、百分比线、波浪形态的对应关系

百分比线对股价的调整走势的作用是十分强的，短线的涨跌过程在很多时候都和百分比线有关联。除了股价的调整走势，波浪理论中反映的股价每一阶段的拉升都可以反映这样的情况。在主要的多头市场或主要的空头市场中，用波浪理论判断股价的运行情况还必须抓住每一个阶段股价的起涨点与起跌点。这样的话，才能准确把握住股价波浪的形态。而百分比线在划分股价每一个阶段的价位时，就给投资者提供了股价预期会发生转变的价位。把握好这些价格反转点，投资

者显然可以把握股价主要运行趋势的每一个阶段的情况，获利自然不是什么难事了。

　　道氏理论中已把趋势划分成主要的多头市场与主要的空头市场。这两种市场具体的变化是符合波浪理论八个浪的走势的。而百分比线结合波浪理论来判断相应的转折点的话，投资者就可以在股指的主要运行趋势中把握好股价波动的每一个阶段，从而为中长期持股和短线调仓提供很好的帮助。

　　天威保变如图 6-10 所示。

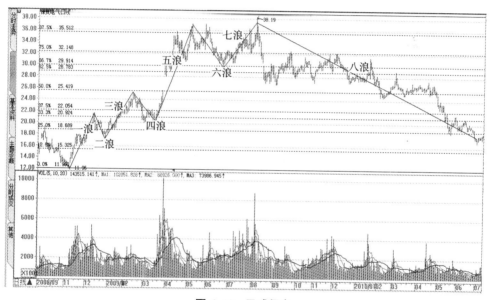

图 6-10　天威保变

　　如图 6-10 所示，天威保变的日 K 线中，此股从 2008 年 11 月至 2010 年 7 月的长期牛市行情中，股价显然出现了冲高回落的主要多头市场和主要空头市场结合的走势。若运用波浪理论来判断该股的波动趋势的话，图中股价这两种主要的趋势都符合波浪理论的运行规律。把握好股价的这种走向的话，获得利润是非常容易的。既然股价的主要多头趋势和主要空头趋势已呈现出了波浪形态，运用百分比线判断

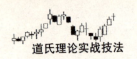

主要多头市场中的价格调整和拉升的节奏，短线结合长线操作股票，就能完全获利。

天威保变如图 6-11 所示。

图 6-11　天威保变

如图 6-11 所示，天威保变的日 K 线中，由股价的起始拉升点开始看起，图中股价呈现出波浪形态的四个转折点都在百分比线附近出现。第一个转折点在百分比线的 33.3% 附近出现。股价在 37.5% 出现了明显的回落，显然此位置的压力还是不小的。股价短线见顶回落之后，完成了一浪的冲高行情，开始了股价反转以来首次出现的二浪调整走势。

百分比线的筷子线附近不仅是股价二浪调整的起点，也是五浪拉升的起点。二浪调整完毕后恰好落在筷子线附近，股价顺势企稳，在短线拉升过程中第五浪出现。

图中显示，筷子线的 25.0% 的价位是第二浪的调整结束点。股价在此价格开始反转回升，进入到波浪行情中的第三浪飙升阶段。投资

者可以提前判断出反转可能出现在百分比线，短线加仓一定可以成功
获利。

　　三浪飙升过程中，股价在百分比线的 50% 处见顶，这样三浪的拉
升阶段与四浪的见顶阶段就形成了反转的走势。50% 的分割点是百分
比线中十分重要的点位。投资者都有在股价涨到 50% 时获利回吐的想
法，股价在飙升至 50% 时出现回调，其实是再正常不过的事了。既然
股价在 50% 附近的调整本身就存在，那么短线获利至 50% 时减仓持股
显然是十分明智的做法。

　　四浪是调整浪于 50% 的百分比线成功见顶后，短线回落的企稳的
位置可以首先看到筷子线附近。因为无论是从百分比线的重要性来看，
还是从百分比线的距离来说，筷子线都是四浪调整浪的重要支撑位置。
在四浪的筷子线附近抄底买入股票的做法，是获得五浪利润的最佳机
会。从后市四浪顺利企稳在五浪的走势可以看到，趋势正在向我们预
期的方向发展。

　　天威保变如图 6-12 所示。

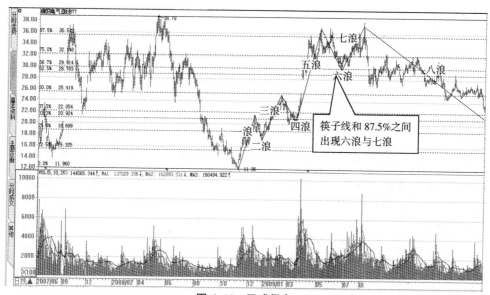

图 6-12　天威保变

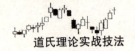

如图 6-12 所示，天威保变的波浪走势中，股价的重要的反弹浪中，五浪、六浪、七浪与八浪的起始点都在百分比线的 87.5% 附近。从股价主要多头行情的上涨幅度来看，股价达到前期历史性高位以前，从百分比线看是有一个 87.5% 的压力线的。要想顺利突破此压力线的束缚，达到前期历史性高位，没有成交量的持续放大几乎是不可能的事情。而且股价其实已在达到百分比线的 87.5% 之前出现了明显的调整。既然股价已经开始了回调走势，那么减仓其实已势在必行了。首次从 87.5% 的黄金分割点下跌时，从波浪形态上来看仅仅是第六浪。此浪作为主要的多头行情见顶的明显信号，可以首次提供给投资者减仓的信号。而股价在百分比线的 66.6% 附近的筷子线开始反弹的情况，就是在形成最后一个飙升的浪——七浪。完成七浪之后，股价轻松回落进入了漫长而又具破坏性的第八浪。把握好百分比线的 87.5% 附近的减仓机会，投资者便可成功获利。

从以上的例子能够看出，百分比线在股价的波浪运行趋势中的作用还是十分大的。股价既然会出现波浪运行趋势，那么阻力线和压力线从百分比线中寻找，当然会非常有效果了。股价的走势虽不会严格地遵循百分比线提供的压力和支撑点，大的方向上却是这样的运行趋势。从操作上来看，把握股价在百分比线的每一个阶段的走势，获得利润是十分容易的事情。主要的多头行情向上的过程中，投资者短线减仓和中长线持股的操作都离不开百分比线，同样离不开波浪理论。百分比线为波浪理论的每一个阶段的走势提供反转信号。而波浪理论帮助投资者在道氏理论的重要趋势中操作股票，从而取得中长期获利的机会。

五、百分比线的应用实例

百分比线的实战运用和黄金分割线的用法有很多相似之处。投资者应该判断股价的主要运行趋势是否已开始。若断定前期的主要趋势已经发生根本性转变，那么投资者可以用百分比线提前勾勒出相应的压力位或支撑位。当股价运行至百分比线所在的价位时，投资者应根据实际情况来调整仓位，判断股价的短线买卖机会，从而为主要的运行趋势中获利做好准备。

百分比线提供的价位，其实就是对应的股价运行过程中的调整平台。股价并非一定要在每一个百分比线上进行调整，中长期的走向却应在重要的百分比线处进行修正。若股价的运行趋势是主要的多头趋势，那么在短时间内出现蓄势的调整情况是必然的。主要的空头市场中，在比较重要的百分比线中进行短线的回抽调整，也是十分常见的情况。总之，百分比线提供给投资者的是在道氏理论所说的主要运行趋势中的短线调仓的机会，却不是长线回落的信号。投资者在百分比线附近调仓，并遵循股价的大趋势，就可以顺利获利了。

方兴科技周 K 线如图 6-13 所示。

如图 6-13 所示，方兴科技的周 K 线中，股价见顶回落的信号出现在了大阴线的形态完成之时。大阴线不仅快速跌破了此股的百分比线的 33.3% 附近的筷子线，还继续下跌到 50% 附近的价位，表示股价主要的多头行情已结束，投资者短线调仓的目标应注重长线减仓操作才行。进入到主要空头市场后，股价预期将会出现的下跌支撑线可以是 50% 附近，或是更低的 66.6% 附近的筷子线。

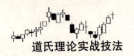

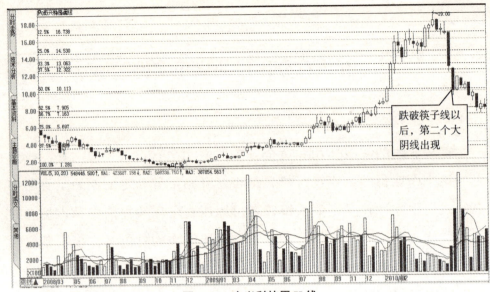

图 6-13　方兴科技周 K 线

方兴科技日 K 线（一）如图 6-14 所示。

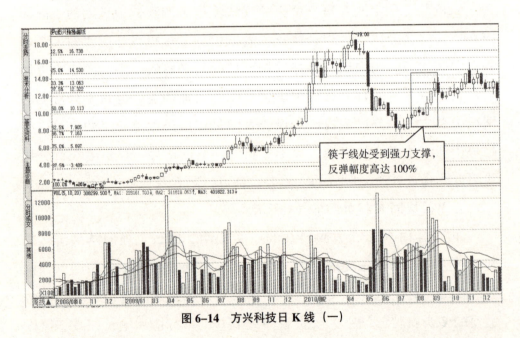

图 6-14　方兴科技日 K 线（一）

如图 6-14 所示，方兴科技的日 K 线（一）中，此股的下跌趋势已经十分强了，股价大幅下跌至 66.7% 附近的筷子线才出现了企稳迹象。前期 33.3% 附近的筷子线以及 50.5% 的百分比线对股价的支撑效果根本没有起到作用。这么强劲的回落会导致众多的投资者没机会完成减仓的操作。但是，在股价跌破 33.3% 附近的筷子线后，下跌的趋势明显减缓。图中股价的大阴线下跌后，股价在 50.0% 的跌幅上出现十分明显的震荡回落。并且，股价最终在跌至 66.7% 的百分比线时开始反弹。

百分比线中，在 33.3% 附近的筷子线支撑效果并不理想。而股价大幅下跌至 66.7% 时出现了明显的企稳反弹的走势。短线反弹的过程中，股价大幅上涨了 100%，成为短线十足的牛股。这表明筷子线的支撑效果是不容忽视的，股价从图中 66.7% 的筷子线处翻倍大涨，成为主要空头市场中难得的一次折返走势。

方兴科技日 K 线（二）如图 6-15 所示。

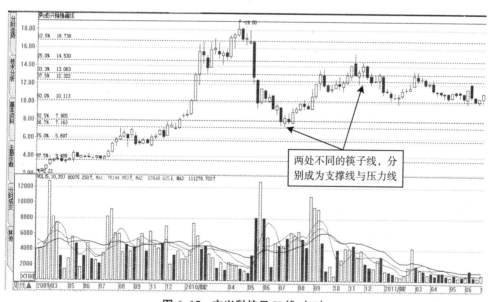

两处不同的筷子线，分别成为支撑线与压力线

图 6-15　方兴科技日 K 线（二）

如图 6-15 所示，股价见顶回落进入主要的空头市场，折返走势出现在 66.7% 的筷子线附近，而且股价折返后见顶的位置同样是 33.3%

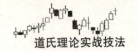

的筷子线，表明百分比线中的"两根筷子"的支撑与压制效果十分强。熊市中，投资者趁股价在筷子线之间调整的机会买卖股票，获利的可能性比较大。在筷子线之间调仓，还能减少前期牛市见顶期间损失的可能性。此股最终延续了下跌的走势，并且长达一年多的时间里都没有跌破此筷子线上下的压力位置。

方兴科技日 K 线（三）如图 6-16 所示。

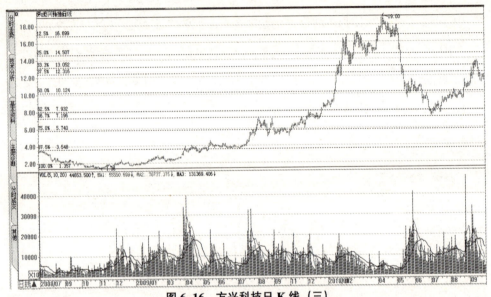

图 6-16　方兴科技日 K 线（三）

如图 6-16 所示，方兴科技的日 K 线（三）中，股价下跌调整的情况时有出现。虽然筷子线 33.3%附近股价反弹力度不是很强，但仍然出现了低开的阳线。这说明，杀跌过程中的减仓机会是有的，不过快速减仓一定会造成很大的损失出现。股价震荡调整到底部开始反弹，投资者可以参与该股的短线追涨机会。

方兴科技日 K 线（四）如图 6-17 所示。

如图 6-17 所示，股价大幅下跌到 50%的百分比线时，持续调整的情况维持了一个月时间。从调整的形态上来看，基本上是横向运行的

图 6-17 方兴科技日 K 线（四）

情况。股价波动空间十分小，操作机会并不多，除非投资者资金量庞大，否则一定面临减仓杀跌的操作。

方兴科技日 K 线（五）如图 6-18 所示。

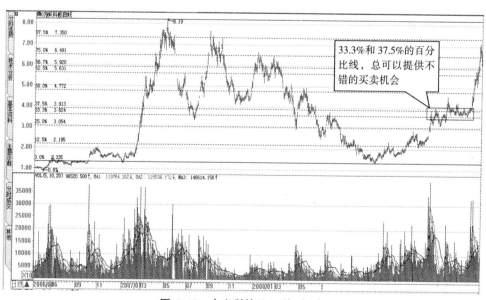

图 6-18 方兴科技日 K 线（五）

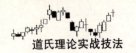

如图 6-18 所示，再看一下方兴科技前期的拉升趋势。投资者可以明显看出股价在 33.3%~37.5%的调整轨迹。首次达到此筷子线时，股价上方出现了明显的阻力；而短线突破此筷子线所在价位后，这个价位附近成为股价上涨的重要支撑来源。综合考虑一下，在 33.3%~37.5%的筷子线附近在突破前后是有短线操作的机会的。在突破以前可以减仓，回落到短线企稳后可加仓，最终自然可以获得波动中的利润。

方兴科技日 K 线（六）如图 6-19 所示。

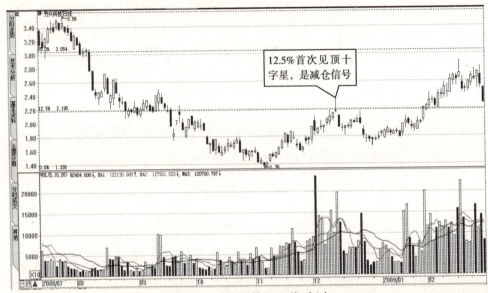

12.5%首次见顶十字星，是减仓信号

图 6-19　方兴科技日 K 线（六）

如图 6-19 所示，方兴科技首次反弹回落的点位正是 12.5%的百分比线附近。图中 12.5%的百分比线附近出现的见顶回落意义的十字星就是十分显著的顶部信号。之后此股短暂调整的情况出现了，投资者操作上可以在十字星出现之时减仓持股，这样就可以避免损失扩大。

方兴科技日 K 线（七）如图 6-20 所示。

如图 6-20 所示，调整以后，12.5%的百分比线被轻松突破，之后股价短线见顶回落，在 12.5%的百分比线以上寻求新支撑。图中股价

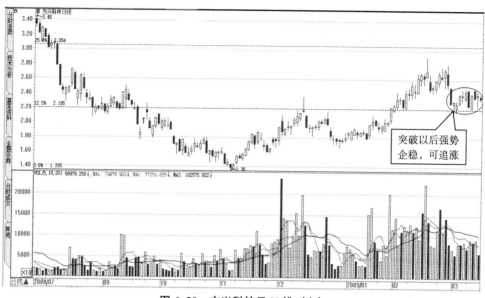

图6-20 方兴科技日K线（七）

强势调整的过程，是投资者买入股票的最佳时机。在调整走势延续过程中，股价再次发力上攻的可能性还是十分高的。

方兴科技日K线（八）如图6-21所示。

图6-21 方兴科技日K线（八）

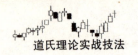

如图 6-21 所示，真正的调整出现在筷子线 33.3%~37.5%的范围内。股价首次突破 33.3%的百分比线以后，马上出现见顶回落的走势。图中显示，股价连续三次冲高突破筷子线的上限 37.5%都是无疾而终的。但最终出现的放量涨停板一举突破了 33.3%的阻力位，并且收盘在距离 37.5%的百分比线不远的地方，表明股价走强的可能性已经大大提高。把握好此股的强势运行过程，获得利润将不是什么难事。筷子线处的阻力虽很大，但突破以后的支撑力度也很强，寻求突破后获得更多的利润是投资者在此时的重要选择。

方兴科技日 K 线（九）如图 6-22 所示。

图 6-22　方兴科技日 K 线（九）

如图 6-22 所示，方兴科技在筷子线以上又出现了调整。前期的调整显然是不值一提的，要想真正摆脱 33.3%附近的筷子线的束缚，如果没有筹码的大量转移，股价上涨过程中的阻力还是十分大的。而图中显示多达五根连续出现的阳线显然是股价企稳的重要信号。既然股价已经持续拉升了起来，继续在此位置加仓买入股票，还可以在主要

的多头市场中继续获利。

方兴科技日 K 线 （十） 如图 6-23 所示。

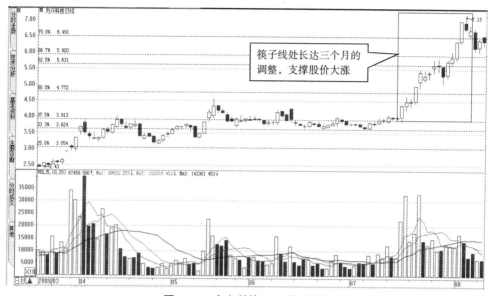

图 6-23　方兴科技日 K 线 （十）

如图 6-23 所示，方兴科技轻松突破了 33.3%附近的筷子线造成的压力后，股价大幅持续攀升至 87.5%的高位百分比线之上。这表明投资者可以获得的利润还远远没有封顶。前期筷子线附近的调整，只是为股价的继续大幅上涨提供了动力，真正开始飙升的走势则在企稳以后展开了。

方兴科技日 K 线 （十一） 如图 6-24 所示。

如图 6-24 所示，方兴科技的快速飙升达到前期历史性高位的时刻，股价再次回调到 62.5%~66.7%的 "筷子线" 附近。由此可见，调整并没有改变股价的长期牛市行情。后续的大涨还没有真正出现，只有调整到一定程度，股价才能顺利大幅上扬。这一阶段正是突破历史性高位前的获利散户减仓而主力短线调仓再次拉升股价的最佳时机。图中筷子线附近的底部形态是抄底的重要时机。

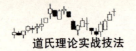

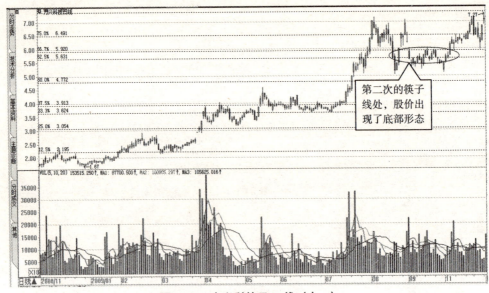

图 6-24　方兴科技日 K 线（十一）

方兴科技日 K 线（十二）如图 6-25 所示。

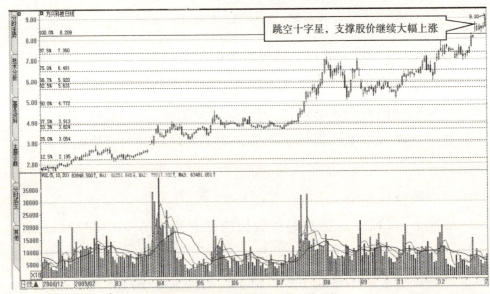

图 6-25　方兴科技日 K 线（十二）

　　如图 6-25 所示，自从股价稳定在 62.5%~66.7% 的筷子线后，一个跳空上涨的十字星形态顺利突破了前期历史性的高位，突破之时留下

的跳空缺口，成为股价飙升的重要支撑位。虽然盘中股价最终回补了这个缺口，但还是不能改变该股的强势飙升走势。在此阶段，依然有望在以后获得超额回报。

方兴科技日 K 线（十三）如图 6-26 所示。

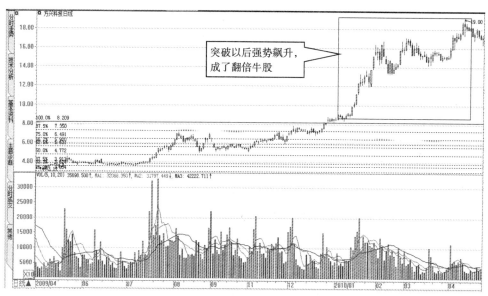

图 6-26　方兴科技日 K 线（十三）

如图 6-26 所示，方兴科技的日 K 线（十三）中，此股的飙升迅速展开。遵从突破前期历史性高位后，股价从 20 元附近大幅度上涨至 42 元，成为难得的翻倍牛股。既然已发现了此股的强势特征，没有投资者可以忽视这种牛股的运行趋势。能突破历史性高位的方兴科技，是主要多头市场中的牛股。

在主要多头市场，百分比线起到的作用往往都是短期的。长期来看，百分比线附近调整的情况都是好的追涨机会。股价震荡上行几乎是所有个股的共有趋势。只要把握好买点，就不会错过牛市中的利润。

百分比线对股价的涨跌作用实际是在无形中体现出来的。就像黄金分割线，无人知道股价为什么在黄金分割线附近出现调整。百分比

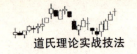

线提供的买卖机会是投资者预期买卖机会出现的同步反应。比如33.3%、50.0%之类的调整点，投资者没必要考虑股价为什么会出现这种调整，只要相应的买卖信号出现在这些位置，投资者就可以进行相应操作。

第七章 窄幅波动分析法

窄幅波动常常表现为一个长时期价格波动的水平走廊。通常情况下，市场在相当一部分的时期内会处于窄幅盘整区里。一旦盘整区形成，它的高边与底边可用来界定支撑区与阻力区。盘整区有时会持续数年。

一、窄幅波动的概念

之前在介绍压力线与支撑线时曾经提到，在上升趋势中压力线往往很容易被突破，在下降趋势中支撑线常常很容易被跌破，但在个别的情况下，上升趋势中的压力线与下跌趋势中的支撑线都不容易被突破，于是便形成了持续一段时间的窄幅波动。

（一）窄幅波动的定义

窄幅波动：在足够长的时间内，在正常交易量的情况下，连续多日的价格在一个狭窄范围内波动。通常把价格或指数在 5% 的范围内波动，持续至少 3 周以上时间的盘整结构称之为窄幅波动或窄幅盘整。

鲁泰 A 如图 7-1 所示。

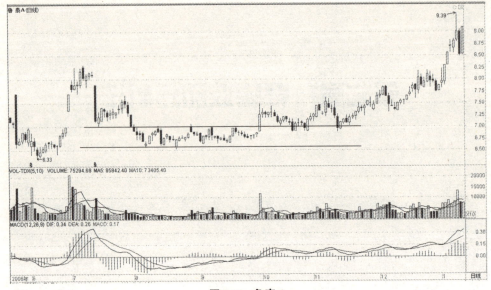

图7-1 鲁泰A

这是道氏注意到的第一个形态。道氏在平均股价指数图上使用的辅助水平直线，就是用水平直线界定价格在某一段时间内上下变化的范围。道氏所描述的横向延伸的波动往往出现在调整状态中，也可以在顶部或者底部的反转过程中看到。在现代技术分析术语中，我们将这种形态称为矩形。

（二）窄幅波动的波动幅度和持续时间

虽然在道氏理论术语中，窄幅盘整就是两种指数或其中一种做横向运动，这一横向运动大概需要2~3周，有时甚至数月之久，在这期间，价格波动幅度大概在5%或更低一些。但需要特别说明的是："5%的范围内波动"与"需要2~3周甚至持续3周以上时间"并非一个精确的概念，也不是严格的要求，我们不能教条地看待这种运动的幅度与极限。

对于窄幅盘整一般给定的2~3周与5%的波动幅度完全是经验之

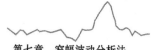

谈，其实还存在一些更大幅度的横向运动，这些横向运动由于可能形成典型的结构，所以在技术分析中又分支出形态分析，并对其进行专门的研究。若我们只考虑运动的程度，那么，日常波动也可能严重到构成一次次级运动的程度，甚至次级运动也未必可以达到这个程度。

（三）窄幅波动是一个关注拐点和转势的形态

为什么窄幅波动会那么重要？因为窄幅波动是道氏注意到的第一个形态，道氏将其称为"线"，并为形成趋势的定义打下了基础。"线"往往是次级运动级别的运动，但更重要的是它有时代表基本运动的拐点。不过，需要说明的是，道氏说的"线"是有严格的定义的，它是指道琼斯工业与运输指数同时出现窄幅波动的情况。

事实证明，道氏所说的"线"在揭示基本运动的进一步发展或次级运动终止的可能性方面是最好的工具之一。正像在特定时期内的狭小波动所显示的那样，矩形是判断主力买进或卖出股票的一个十分重要的指标。

虽然这些区域交易表明买进或卖出股票过程正在形成，但是在它向上或向下突破前，你无法区别究竟是该买进还是卖出。若向上突破，那么这个区域就是买进股票区域；若向下突破，就是卖出股票区域。但在突破前，这是个中性区域，这时候表示多、空双方的力量处于均衡状态。

同时，研究窄幅波动也是一个十分微妙的工作，很容易把它误以为是转势的拐点。但窄幅波动与转势的拐点还是有一些区别的，区别在于：窄幅波动往往代表次级运动方向可能转变但没有改变基本运动的方向；而拐点则是次级运动的方向改变以后进而可能继续发展到足以改变基本运动的方向。因此，并非次级运动的突破就可以确定基本运动反转的"信号"，而在实际突破发生以前，并不能确定价格会向哪

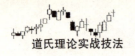
个方向发展。

（四）窄幅波动的广义性

因为窄幅波动经常出现，所以道氏理论家们认为它们的出现是必需的。另外，在很多种情况下，窄幅波动也能转换成其他形态。我们在进行技术分析时，形态分析是其中的一大分支。其实，形态分析在本质上是比窄幅波动幅度稍宽一些的区间波动，只不过支撑线与压力线之间并非平行关系。

（五）基本运动级别的窄幅波动数

特定时期内价格或指数的狭小波动是判断买进或卖出股票的一个必要指标。随着交易天数的增加，这意味着股票的进货或出货行为，而之后的价格运动则表示市场中的股票是稀缺还是过分饱和。当工业与运输两种指数都显示出一条十分明显的、清晰的进货盘整区时，它可能表明市场缺乏流动性的股票供给。从客观上来说，认真研究平均指数足以让你发现一条"囤积股票的窄线"所给出的确定信息，这不仅对交易者是有用的，而且对那些把股市作为预测全国商业基本趋势的工具的人来说也是非常有价值的。

当然，从微观上来说，对个股的分析也十分有用。

上汽集团如图 7-2 所示。

如图 7-2 所示，上汽集团从 2004 年 11 月至 2006 年 5 月，在一年半的时间内形成一个进货盘整区。在价格长期大幅下挫后，明智的长期投资者认为当时的股价具有长期投资的价值，于是开始逐步建立大规模的多头头寸，或许是为了试盘，或许是不希望推升股价，他们在持续一年半的时间内，不动声色地承接股票。

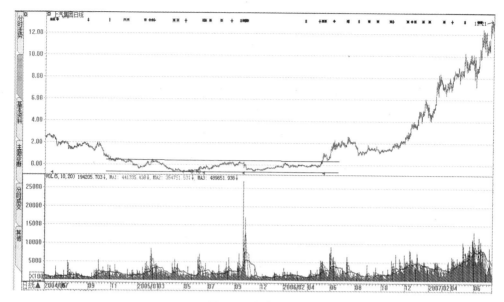

图 7-2　上汽集团

在牛市的顶部常常也会发生相同情况，但方向相反，结果也形成窄幅盘整的走势，最后，市场共识认为价格将下挫时，将穿越窄幅盘整的下限。而"突破"是卖空股票或者商品的绝佳时机。但是，由于在牛市的末端，市场人气仍然处于旺盛阶段，并且顶部价格的绝对值也比底部价格的绝对值要高得多，所以顶部窄幅波动的宽度要比底部窄幅波动的宽度大许多。

上海机场如图 7-3 所示。

如图 7-3 所示，上海机场的顶部窄幅盘整保持了近 4 个多月的抛售行为，在震荡区间被突破后开始下跌。

经验表明窄幅波动预示着一定时期的买进股票进行囤积或者卖出股票进行派发的行为。窄幅波动的形成表明了买卖双方的力量大致上是平衡的。当然，最终，或者一个价格范围内已无人售出，那些需要购入的买方只能提高出价来吸引卖方；或那些急于脱手的卖方在一个价格范围内找不到买方，只能降低售价来吸引买方。因而，价格涨过

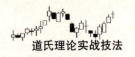

图 7-3　上海机场

现在窄幅波动的上限即为涨势的标志；相反，跌破窄幅波动下限即为跌势开始的标志。

所以，那些已经卖出股票又想重新进入股市的投机者才是"线"的最大受益者，因为囤积线给出牛市的暗示表示平均指数会达到比次级下跌开始时更高的水平。根据我们记录的资料，当出现新高点时是牛市已重新开始的结论性证据。

总之，基本运动级别的窄幅波动是由一定时期的买进股票进行囤积或者卖出股票进行派发的行为形成的。在这一期间，窄幅波动持续的时间越长，价格波动范围越小，则最后突破时的重要性也越大。

驰宏锌锗如图 7-4 所示。

图 7-4 所示为驰宏锌锗窄幅波动的幅度、持续的时间和重要性的关系。虽然我们注意到很多幅度较宽、持续时间较短的窄幅盘整突破后跌幅更大，但事实上，真正起作用的是幅度很窄、持续时间很长的窄幅波动。

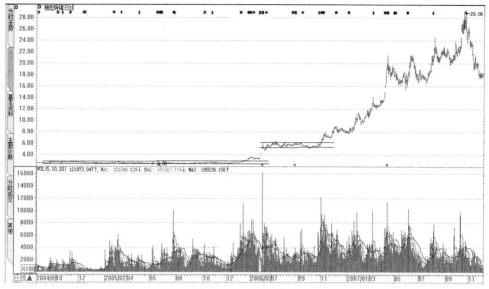

图 7-4 驰宏锌锗

但需要提醒投资者的是，在多数情况下，顶部或底部形成后，尤其是在顶部形成后，趋势常常会突然改变，并没有经过窄幅整理的过程。

中国宝安如图 7-5 所示。

图 7-5 中国宝安

如图 7-5 所示，中国宝安在底部并未形成窄幅波动，而如图 7-6 所示，平安银行无论是顶部还是底部都没有形成窄幅波动。

平安银行如图 7-6 所示。

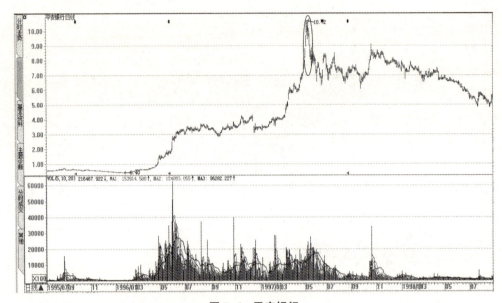

图 7-6　平安银行

(六) 次级运动级别的窄幅波动

窄幅盘整走势更多地发生在次级运动级别的顶部或者底部。尽管窄幅波动可能出现在一个重要的底部或者顶部，以分别表示买进股票进行囤积或者卖出股票进行派发阶段，但作为正在进行的基本运动进程中的间歇，其出现的频率很高。在任意一个牛市或者熊市的运动中，至少暂时会出现一个停滞阶段，但并不表示会在相反方向上很快运动。因为横盘意味着市场中出现了拥塞，拥塞得越厉害，就像开闸放水一样，突破以后的跟进就越有利。

在这样的情况下，窄幅波动取代了一般的次级运动。道氏理论估计这种次级运动的时间是 40~60 天，但随后的经验表明，这个上限很难达到，有时的时间甚至不会达到 40 天。

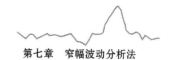

窄幅盘整的走势，有时候会发生在经过确认的基本运动中间。这可能是因为下列两项理由中的一种：价格上涨或者下跌的走势十分陡峭，许多交易者和投机者获利了结时，便造成趋势暂时停顿，这称为整理行情；或市场对于未来发展并不确定，分歧的看法便于价格维持在相对固定的价位，这称为等待行情。如图所示。通常情况下，等待行情的波动幅度要比整理行情宽一些，所以通常更容易形成各种形态。

从图 7-4 和图 7-7 可以说明，以下两个因素常常可以强化突破的重要性与可信性：

（1）盘整持续的时间。盘整持续的时间越长，最后突破潜在的意义越重大。

（2）波动区域的宽窄。越窄的盘整区的突破越可以提供特别可信的交易信号。进一步来说，因为可以设置使资金风险相对低的止损点，所以这样的交易会非常具有吸引力。

阳泉煤业如图 7-7 所示。

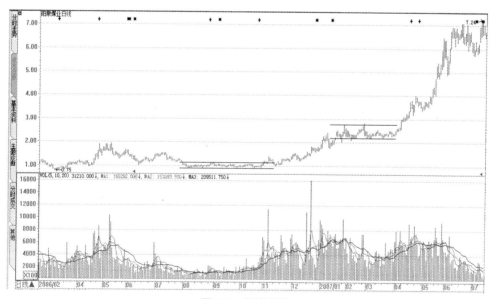

图 7-7　阳泉煤业

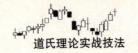

(七)"线"对于基本运动和次级运动转折终点的准确预测没有帮助

虽然"线"是很好的预测工具,它指出次级运动的终结与基本运动的重新开始也并非完全不可能,但是准确判断牛市或熊市的转折终点是十分艰难的,而判断次级运动的终点则更是难上加难。所以牛市中的囤积线或熊市中的抛售线仅仅为我们预测次级运动提供了一些思路以及投资的计划性。

二、窄幅波动的形成机理及期间的操作策略

(一)窄幅波动的形成过程就是囤积或抛售股票的过程

窄幅波动的形成过程是:在阶段性的顶部,拥有较佳信息且态度谨慎的长期投资者,想要在一段期间内出清(十分大量的)投资组合的头寸,但又不希望将价格明显压低。在当时市场上的多头投机气氛依然十分浓厚的情况下,他们可以分批出货,将筹码转手给交易者和投机者。这样在数个星期甚至更长的期间内,价格将窄幅波动且没有明显向上或向下的趋势,于是便形成了顶部的窄幅盘整的走势。

窄幅波动情况有可能在某个特定的个别股票发生,也可能发生在大宗商品市场。从这个意义上来说,分析窄幅波动这个方法在分析个股时使用尤为适合。

(二)市场的操纵行为导致窄幅波动

道氏理论认为,窄幅波动代表的意义是股票的进货或出货,并能

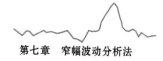

从中看出操纵行为。需要说明的是，在国外，投资者通过在二级市场上买进或者卖出股票可以进行股份公司的收购或转让，而通过观察窄幅波动图形可以关注到这种操纵行为，其目的是要达到操纵公司的经营运作权，这与通常我们提到的操纵股票价格是不同的概念。另外，在国内的上市公司之间进行兼并重组时期也常常会出现一定的窄幅波动。

对于打算操纵公司经营权的买方来说，为了不至于太高成本、在区间的高点附近买进股票时，数量与时机都要很好地控制住——只在区间的低位附近买进，所以价格不会大幅上升。从这个意义上来说，对窄幅波动的分析更适合在个股分析中进行。

（三）窄幅波动期间需要采取特殊的交易方式——最好不要入市

之所以把窄幅波动从支撑线与压力线部分单独列出来，是因为在窄幅波动的情况下需要采取特殊的交易方式——盘整期间最好不要入市。虽然存在可以在盘整区内获利的方法，如震荡指标，但这些方法对于单边势市场来说都是灾难。而且，虽然盘整区极易从历史资料中辨认出来，但它几乎不可能被预测。应该特别提到，大部分图表形态若出现在盘整区内，相对来说意义都不大。

无论做股票还是做期货，要想取得很好的收益，最好的选择是顺势而为。当自己手中的头寸和趋势一致时，保持手中头寸；当自己的头寸和趋势相反时，可以止损或反向操作。但在盘整时，也即趋势不明朗时，将使你不知怎么处理手中的头寸。

尤其是期货市场价格波动幅度大的情况下，再加上期货保证金的杠杆效应，即便是在盘整期间也可能会对投资者的心理产生很大影响。在盘整期间，由于在一段时期内投资的盈亏无法有一个定论，特别容易引起投资者的浮躁情绪。这时，当所持头寸对自己不利时，会急于砍仓出局，但此时又不愿认输，因此马上又会反手再做，结果再次砍

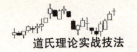

仓出局。如此反复几次就会造成不应有的损失，这将会让投资者的情绪大大变坏，甚至丧失自信。但与资金的损失相比，更严重的损失就是丧失自信。

当出现这种情况时，应该马上退出市场，并对这段时间的交易进行分析总结，调整一下自己的心理状态，看看哪些方面出了问题：是市场正在等待一个重要消息出台，还是行情暴涨暴跌之后的暂时的风平浪静，还是行情正面临整数大关或者某一形态颈线位的突破，或是自己所用的技术指标需要调整，甚至是自己的入市计划有不周之处，抑或是根本就没有入市计划。

本人认为，在盘整期间休息是更好的方式。因为在一轮行情做完以后，身心都很疲惫，正需要休息一下，以便对这轮行情的运作作一番总结，对下一轮的投资进行分析并做出入市计划，等待最佳入市时机。

总之，在盘整期间不要入市是投资的重要原则。正像政治家"有所为，有所不为"，又像许多成功的商人说"不好做的买卖就不做"一样。趋势明朗时要果断把握机会，趋势不明朗时则要耐心等待机会。在盘整区内进行交易很难获利。实际上，大多数运用技术分析的交易者可能会发现：对于盘整区最好的交易策略就是进场次数最少化。但不幸的是，这一过程说起来容易，做起来却十分难。

三、窄幅波动区间的突破

（一）窄幅波动区间的突破是日常波动唯一需要关注的地方

窄幅波动这一图形形态十分有用，因为盘整区的突破可以提供重

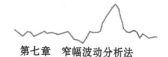

要的交易信号。窄幅区间波动主要用来鉴别股票的进货或者出货时间的市场行为。横盘的区域出现突破时，往往能做好一笔好的交易，尤其是迅猛地突破远比一般的突破更加可靠。

按道氏的说法，小规模的日常波动是波浪上的"波纹"。除非日常波动可以形成一条线，否则往往无足轻重。也就是说，虽然在道氏看来日常波动是最不需要关注的，但当日常波动转化为"线"以后，就要关注日常波动了，尤其是要关注"线"的突破，这是日常波动唯一需要关注的地方。

雷亚认为，在观察每天的价格波动时，"突破"是唯一对于每一种市场参与者——无论是交易者、投机者或者投资者——都十分重要的事情。每天的价格走势都应该加以记录，因为一系列的单日走势最后一定会发展为一种易于辨认而具有预测价值的模式。但仅仅依据单日的指数波动进行推论没有什么价值，而且几乎一定是错误的，唯有"窄幅盘整"的走势例外。最后，市场共识认为价格将下跌时，将穿越窄幅盘整的下限。就市场机会来讲，"突破"是卖空股票或者商品的最佳时机。另外，突破窄幅盘整的关键"信号"是伴随着大的成交量。

（二）饱和点或稀缺点

道氏首先注意到的是，在趋势发展到一定阶段以后，价格会沿着一条水平区间波动。所有研究平均指数的人都清楚这样一条广泛适用的规则：平均指数的日常波动形成一条水平区间"线"，意味着出现囤积股票或者抛售股票的行为；在饱和点或者稀缺点出现之后，平均指数高于稀缺点或者低于饱和点这条线的运动，也就是突破对未来的市场运动具有非常重要的预测功能。

若在牛市发展过程中两种平均指数都形成了一条线，那么一旦价格低于这条线，则暗示着达到了饱和点，如图 7-8 所示是徐工机械的

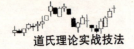

饱和点。

徐工机械如图 7-8 所示。

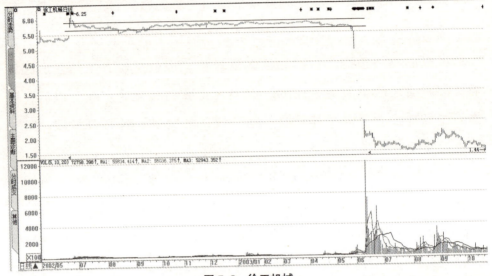

图 7-8　徐工机械

但经验告诉我们，饱和点也不一定是出现在次级下跌以前而是在它以后。在熊市中的稀缺点则是相反的情况。

广汇能源如图 7-9 所示。

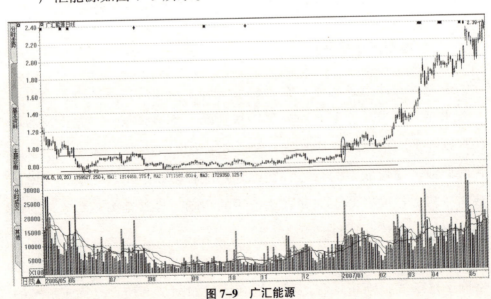

图 7-9　广汇能源

186

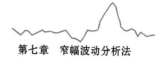

如图 7-9 所示是广汇能源的稀缺点。

四、对窄幅波动突破的验证

(一) 短暂的突破

价格只稍稍突破了盘整区，或是短暂突破持续了几天就又回到盘整区的情况是十分普遍的。对此的一个解释是盘整区的邻近区域常常是止损指令的密集区。结果是，盘整区的临近处的一些微小变动有时候会触发一连串的止损反应指令。一旦这些最初的恐慌指令完结，突破就会失败，除非有稳定的基本因素以及下面有买盘（或在向下突破时上面有卖盘）才可以使得突破之后的趋势维持。

根据对这些行为的思考，若价格在数天之后（比如 7 天）依然位于盘整区以外，作为将要来临的趋势信号，盘整区突破的可信度就大大提高了。也可以用其他确认方式——如设定突破的最小比例、假设穿透日天数等。

(二) 利用相互验证确定窄幅波动的突破

1. 两个指数都处于盘整

一条平均指数的窄幅波动肯定暗示着囤积股票的行为或者抛售股票的行为，而且一旦平均指数的运动超出这条窄幅波动（上升或下降），我们就能认为市场运动的方向将会出现次级运动甚至是基本运动的变化，当然这需要根据两种平均指数是否相互验证而得到确认。比如，道琼斯指数记录了很多经过挑选的工业股票与交通运输股票的每

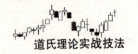

日平均收盘价，两个分离的板块彼此能够互相印证。

若两种平均指数跌到窄幅波动区间的最低水平线之下，将表明股市已经达到气象学家所说的"饱和点"，此时"降雨"会随之而来，将会发展成牛市中的次级下跌运动甚至发展成一次熊市。

2. 一个指数盘整，一个调整

当一个指数要经历一个典型的次级运动的回调时，在另一个指数上形成的是一个窄幅波动区间，突破窄幅波动区间的结果无论是涨还是跌，都可能会沿着原来方向继续一个更为深入的基本运动。当然，突破可能成为熊市中的次级反弹，也可能是牛市运动的继续发展。

（三）成交量对突破"线"的验证

单独某一天的交易不具备任何价值，不管成交量有多大，它都不可能表明基本运动的情况，所以道氏把日常波动确定为第三种也是最不重要的一种运动。但是，突破窄幅盘整的关键"信号"需要伴有大的成交量。因此，在这种情况下，我们应当适当考虑一下成交量的含义。

不过，成交量的实际规模起到的作用比人们一般认为的要小得多。因为只要这条线意味着吸收，市场的供给就会全部被吸收，而不管供给是30万股还是300万股，因此它是一个相对的概念。在整个市场异常活跃时，即便较大的成交量在市场中可能也是微不足道的。

（四）利用突破的幅度进行验证

或许我们应该对突破这一概念有一个数量的界定。显然，若"线"的上端被突破超过了3%，将暗示着流通盘的股票供给已被消化干净，一定要抬高价格才可以吸引新的供给者。与此相反，"线"的下端被突破3%，则暗示着出现饱和点以后，一定要压低价格才可以吸引新的买

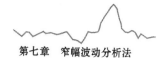

方，此时乌云就会化作暴雨，之后的股价将会下跌，直至股价重新引起买主的兴趣为止。这或许是由于3%的波动幅度已经超过了窄幅波动宽度的缘故。

虽然等待突破后的确认会导致对有效信号的机会的丧失，但它也会帮助避免许多"虚假"信号。权衡两者利弊要依赖所使用的确认条件，而且必须由每个投资者做出各自的估计。但关键的一点是：投资者要尝试不同的确认条件，而并非盲目地跟随所有的突破。

第八章 波浪图分析

美国的拉尔夫·纳尔逊·艾略特是波浪理论的创始人。他认为，人类行为在某种意义上是可认知的形态，并且将当时的道琼斯工业指数作为研究对象，发现了股价的变化形态具有某种和谐之美。艾略特与道氏理论相结合提出了一套股市分析理论，总结出股价呈现波浪变化的趋势，这个趋势不只是一种价格的运动趋势，更是一种大众心理变化的趋势。本章会从波浪理论的角度来重点分析股价在主要趋势中的走向，帮助投资者获得相应的投资机会。

一、波浪理论概述

（一）波浪理论的渊源——道氏理论

波浪理论究竟是怎样的一种理论呢？从本质上说，它是一种价格不断变化的理论，说明某只股票的价格变化将依照一定规律的波浪形式与周期性的涨跌来循环运动，也就是说股价的运行过程包括了四段拉升上涨与四段回调下跌的走势。

但世界上艾略特波浪理论不仅是股票价格运动的再现，而且是投

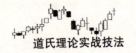

资者的投资心态及其买卖行为的一种综合反映。而这刚好与名声大噪的道氏理论不谋而合。可以说这两个理论都说明了投资者的总体买卖行为，是指导投资者获得投资收益的不可多得的理论。

道氏理论之所以在股市经久不衰，就是因为其描述的股价变化的规律犀利地反映了众多投资者追求投资收益的本质。股价在投资者追求利润的过程中上涨，并在投资者将利润套现时开始下跌。股价周而复始的循环往复运动，形成了股市运行的大小周期。

道氏理论里说的股票运行的三大主要趋势包括主要趋势、中期趋势与短期趋势。

主要趋势持续时间最长，一般会在一年甚至以上的时间里形成。在这个阶段中，个股在走势上基本上是随着市场变化而变化，涨幅也会大大地超过20%的水平。而中期趋势在和股价的运行趋势相反的方向上运行，持续时间往往会超过一个月，波动幅度应该在股票运行趋势的1/3或是2/3的水平上。短期趋势的持续时间更短，通常在一周左右，并且其运行的趋势有很大的不确定性。

在道氏理论的三大趋势中穿插了基本趋势中的三个股票运行阶段。这三个运行阶段分别为主要的牛市行情阶段、主要的熊市行情阶段以及其中穿插进行的次级折返阶段。主要的牛市行情持续的时间非常长，往往在一年以上。而主要的熊市行情和主要的牛市行情相似，只是方向发生了改变。投资者如果想要获得不错的收益，准确判断行情趋势是十分必要的。而次级折返趋势持续的时间要短得多，从性质上来说，只是对股票的主要牛市行情和主要熊市行情的一种修正罢了，不会对趋势造成根本的影响。

总之，投资者可以在实质上把道氏理论看作一种波浪理论，此理论说明在市场的变动过程中，股价的波动趋势会像波浪一样不断地延续涨跌的过程。道氏理论是波浪理论得以成形的基础，两者都说明了

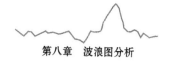

股市波浪形运行的特点。投资者在学习波浪理论前对道氏理论有一定的认识，是十分有必要的。

（二）八浪循环

1. 八浪组合

作为描述股票市场运行趋势的一个重要技术分析理论，波浪理论描述的股票运行趋势贯穿于任何一个市场的任何股票中。不但指数符合这一运行趋势，个股的运行趋势同样受到相应的影响。波浪理论认为世界是有序的、人类的投资活动也是有序的。这种有序进行的投资活动不仅表现在股票市场，而且更广泛地适用于期货、债券及外汇等市场中。有序地波动着的股价就像潮涨潮落一样，一浪接一浪地延续下来。投资者可以根据股票周期性波动变化的特征，选择恰当的时机进出股票，并获得投资收益。

从形态上看，构成波浪理论循环波动的波浪是典型的八浪特征。八个股价波动的波浪形态，基本上已包含了从股价波动的熊市行情到牛市行情的多数阶段。其中，前五浪组成了股价最长上涨的牛市行情，而后三浪组成了股价下挫的熊市行情，两者结合后构成了股价波动的完整波浪理论形态。

在波浪理论的前五浪中，第一浪是一个"推动浪"，而第二浪是对第一个推动浪的调整，是一个"调整浪"。第三浪、第五浪又是一个"推动浪"，而对应的第四浪是一个"调整浪"。对应的第六个浪、第七个浪、第八个浪是熊市中的三浪，也可以叫作a、b、c三浪。这样五浪上升与三浪下跌就构成了完整的波浪理论。

2. 各浪特征

一浪：作为牛市行情的首浪，第一浪的出现并没有完全改变市场上投资者的看空态度。所以，从股价走势上来看，第一浪大部分会在

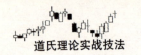

涨幅过大之后重新下跌回落，并成为一个蓄势待涨的恢复人气类型的浪。虽然第一浪过后牛市行情不会轻易开始，但熊市行情却因此而结束了，牛市行情即将在酝酿中到来。投资者此时可以准备投入操作，等待市场真正好转后开始大量建仓。

二浪：第一浪只是牛市行情的开端，空头肯定不会就此罢休，一浪之后的第二浪的调整幅度也不可避免地会很大。但显然投资者不必过分地看空后市了，等待二浪调整到位以后，牛市一定会到来。在第二浪的调整过程中，成交量随着股价的下挫而出现不断萎缩的过程，会相应地出现很多的比如双底、三重底及 V 形反转之类的见底回升信号，此时投资者就能买入股票了。

三浪：作为牛市行情中的一个大浪，第三浪具有很强的爆发性，即便出现跳空缺口上涨的趋势也不足为奇。但该浪的上涨过程也会是不断创出新高的很多小浪组成的连续上涨的大浪。量能随着股价上涨而不断膨胀是此时十分重要的特征，体现了多头不断看涨的良好前景。在股价运行的三浪阶段，持股的投资者可以看得长远点，市场的强势特征在这一阶段会淋漓尽致地发挥，只要股价的上涨趋势还没有出现明显变化，持股待涨就是不错的机会。

四浪：第四浪是对股价短期暴涨的调整，期间调整的幅度非常大，而且投资者很难提前预计股价的调整幅度，但调整的最低价位应该不低于前期第一浪的高位，这样才能保证股价处于上升趋势中。

五浪：作为继第一浪、第三浪之后的推动浪，第五浪是股价创新高的动力来源。人气的空前高涨并未反映在股价大涨上。具备一定的上涨空间以后，股价往往会在一片向好的氛围中见顶回落。而个股在飙升过程中涨跌幅度也是有十分大的差距的。

a 浪：大部分投资者还沉浸在五浪拉升的行情时，股价已发生了逆转，出现了紧随五浪而来的 a 浪。所以，在 a 浪出现时，大部分投

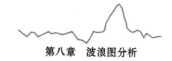

资者并没有意识到行情的大逆转，股价调整的幅度不会太大，但一定会把股价的上涨趋势破坏掉。

　　b 浪：b 浪只是对股价见顶回落的 a 浪的一个小反弹行情。鉴于多方继续看涨的信心已受到了十分严重的打击，即便出现了 b 浪的回调行情，股价的上升空间也十分有限。而微不足道的缩量反弹行情却可以吸引一些跟风盘继续买入股票，以至于反弹成了众多投资者再次套牢的陷阱。

　　c 浪：b 浪之后出现的 c 浪是对熊市行情的再一次确认，股价疯狂的下跌过程还会持续进行下去。此时，市场中看到的投资者已寥寥无几了，c 浪持续的过程就是股价重新见底回落的过程。

　　艾略特八浪循环如图 8-1 所示。

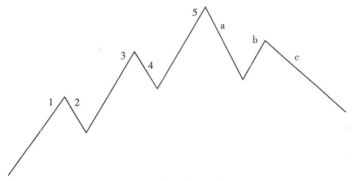

图 8-1　艾略特八浪循环

（三）基本规则

1. 理论含义

　　股价走势之所以会成为艾略特波浪的特征，是因为其具有一些非常明显的特征，只要投资者牢牢把握住这些特征，就可以轻易识别到股价的波浪走势。总体上来说，艾略特波浪理论包含三个方面的含义：

　　第一，波浪形态。波浪形态是波浪理论成立的基础，没有股价运行的八浪形态，就不能说股价是依照波浪形态发展的。投资者在运用

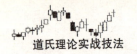

波浪理论来判断股价运行趋势的时候，首先要看的就是股价的波浪形态是否已具备了，以后再观察其他方面的问题。

第二，各浪之间的比例关系。虽然艾略特波浪理论中的八个浪之间的比例关系不是确定的，但是却经常符合特别的比例关系。而黄金分割数字和其派生出来的比例关系就是投资者选择股价波动转折点的好机会。

黄金分割的数字是我们所熟知的 1、1、2、3、5、8、13、21……而其对应的黄金分割比例有 0.382、0.5、0.618 等。

对于波浪中的推动浪来说，第三浪可以当作第一浪的延伸，两个浪在运行时间、上涨的幅度上都十分相似。或者说第三浪很可能是第一浪的 1.618 倍。而第五浪作为第一、第二浪的延伸，其上涨幅度也会是后两者之和的 1.618 倍。当然，实际上其比例关系可能有一定的差别，并不限于 0.618 的关系，也有可能是 0.382 或 0.5 等数量关系。

对于 a、b、c 三段调整浪来讲，c 浪的最终下跌幅度可以根据 a 浪的下跌空间来判断，其往往是前者的 1.618 倍。b 段的调整幅度可以用 0.5 的黄金分割比例来判断，通常情况下，b 段的下跌空间是 a 段下跌幅度的 0.5 倍。

从第二浪的调整幅度来看，其回调幅度常常和 0.618 相关联。第四浪的回调幅度也能使用 0.382 这个比例作为对应的参考价位。

第三，波浪之间的时间间隔。波浪理论的每一波浪的开始都会伴随产生一个相反的浪，依照主要趋势运动的浪就是推动浪，跟其相反的是调整浪。在主升段中，推动浪是第一、第三、第五浪，对应的调整浪是第二、第四浪。而在主跌段中，推动浪是 a、c 浪，b 浪就成了调整浪。当八个浪完成了一个主升段与主跌段以后，股票的一个完整八浪循环就宣告完成了。这个完成的八浪循环并非孤立存在，它会构成下一个更大的八浪循环的一浪（推动浪）与二浪（调整浪），股价的

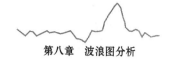

大八浪循环就此宣告完成。

八浪循环的再循环如图 8-2 所示。

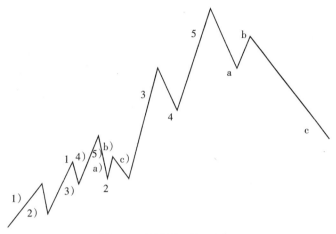

图 8-2　八浪循环的再循环

如图 8-2 所示，图中显示的从 1) 浪至 5) 浪的五个推动浪与 a)、b)、c) 三个调整浪构成了一个完整的艾略特八浪循环。而这只是一个小开端而已，之后这 1) 浪至 5) 浪的推动浪又变成了此后的 1 浪，而 a)、b)、c) 三个调整浪又成为之后的 2 浪，这样八浪循环的过程得到了不断的延续。由 1) 浪至 5) 浪与图中的 a、b、c 三个调整浪将构成更大的八浪循环的一部分，也是有可能的。

2. 四条规则

波浪理论的基本规则有四条：

规则一：波浪理论中的三个推动浪——第一浪、第二浪、第三浪中，第三浪是股价牛途开始以后一个真正的推动浪，上涨幅度也是最值得期待的。在第三浪中会出现投资者真正获得投资收益的阶段，可以这样说，把握住第三浪的股价涨幅，八浪循环的利润基本上已经被锁定了一半以上。

规则二：波浪理论中的第四浪的底部绝不能低于第一浪的顶部。

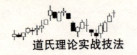

原因很简单，既然波浪理论中的强五浪出现在牛市行情中，而且在第三浪这个推动浪过后，股价即便出现了第四浪的调整，也不应该破坏牛市行情的大趋势。而四浪调整的低点价位当然也不能比第一浪的最高价位低，只有这样才可确保股价维持在牛市之中。

规则三：第二浪与第四浪属于调整浪，既然股价在做不断的调整，那么其运行趋势就有非常大的不确定性。投资者在判断当时股价的运行状况时，也应该更加注重股价的波动形态上，而不用过分强调其调查的过程。只有如此，投资者才可以准确地把握住股价运行的趋势，而不是把时间浪费在一些细节上。

规则四：调整浪的下跌幅度是无法预测的，第二浪的下跌幅度可能会小一些，而第四浪的调整空间通常是比较大的。经过第三浪的疯狂拉升以后，股价往往会以几乎不受约束的形式见顶回落。投资者在由空头市场向多头市场转换的过程中，要做好在更低的价格开始建仓的打算，这样才可以抓住更大的获利空间。

以上所说的四条规则中，前两条是最基本的，投资者应该牢记在心中。只有股价的运行趋势符合了这两条规则，后市真正的波浪形走势才是可期待的。后两个规则若也能被投资者理解，并正确地加以运用的话，则就可获得丰厚的利润。

二、牛市行情的八浪循环走势

（一）上证指数牛市当中的八浪循环

指数在牛市中的运行趋势其实也是八浪循环的情况。从道氏理论

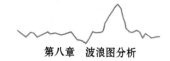
来看，股价从前期的主要空头市场脱离后持续放量拉升至高位，在这个阶段，股价的放量上涨构成了八浪循环中的主要飙涨趋势。从股价上涨的每个阶段来划分的话，很容易被勾勒出八浪循环的走势。在主要的多头市场（也就是牛市行情）中，股价运行过程中会出现主要拉升趋势与次级折返走势。拉升的时候构成了八浪循环的主升浪，而指数下跌时的次级折返走势，就是八浪循环中的调整浪。投资者若能准确判断指数运行的主要多头行情中的八浪循环情况，那么对于个股的操作一定会得心应手。个股的走向和指数的涨跌趋势息息相关，没有指数的上涨，个股很难说会大幅上攻。一旦指数企稳回升，并进一步脱离短线次级折返走势的中短线趋势，那么个股再次放量拉升的概率会很高。

　　上证指数牛市当中的八浪如图 8-3 所示。

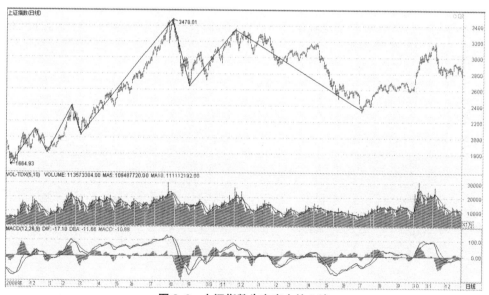

图 8-3　上证指数牛市当中的八浪

　　如图 8-3 所示，上证指数在 2008 年的熊市中成功见底最低点位 1664.93 点以后，开始放量进入主要多头市场。指数运行趋势虽然一波

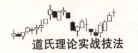

三折，却持续放量飙涨，最终达到了反转的最高点位 3478.01 点，累计上涨幅度高达 108%，成功翻了一倍。

指数运行过程中，在脱离主要的空头市场底部的反弹阶段，一浪到四浪的争夺是十分激烈的。在短短五个月中，股价就完成了四个波浪形态。这表示趋势的反转是需要时间来调整的，并且随着指数在五个月的时间里完成了调整，指数成功进入到五浪这个难得的主升浪。前期四浪中获利不多的投资者，可以利用指数持续飙升的五浪趋势获得更加丰厚的利润。

从八浪循环对应的道氏理论的不同趋势来看，一浪到五浪构成了主要的多头行情，指数在这五浪中的累积涨幅是最高的。而第五浪中，也有中短线的牛市行情与次级折返走势。总体来说，投资者可以在很长一段时间内在一个很高的水平控制仓位。中短期来看，可以在股价出现次级折返走势时进行减仓操作，这样既可以长线获得主要多头市场的利润，又能规避次级折返走势中的风险，利润与风险两个方面都能照顾到。

牛市中的八浪循环，虽然说已包括了指数下跌的八浪，但第七浪之前都可以认为是主要的多头市场。总体来看，在指数进入第八浪以前，还是可以持股的，这样对于投资者获得相应的回报十分有利。

上证指数——更小的八浪组成一浪如图 8-4 所示。

如图 8-4 所示，上证指数的日 K 线中，前期主要的多头市场可以划分为八浪循环走势。而第一浪又可以重新划分成更小的八浪循环。这样，在股价短期波动的八浪循环中，投资者可以在更小的八浪循环范围内操作股票，这对于把握好买卖机会，获得相应的回报十分有利。

主要的多头趋势被划分成八浪，其实也是为了投资者能成功获得交易机会，把握股价的运行趋势。主要的多头市场中，波浪理论划分出来的价格波动范围持续时间长且不容易被投资者把握住。把主要趋

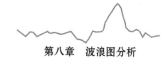

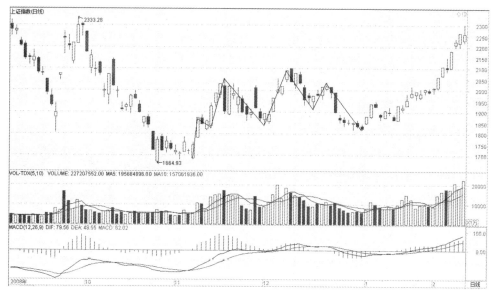

图 8-4　上证指数——更小的八浪组成一浪

势中的波浪形态划分成更小的趋势，则有助于投资者理解股价的波动过程，获得利润也相对容易很多。

　　图中一浪与二浪同时被划分成八个非常小的浪，构成了股价冲高回落的走势。在八浪循环时，投资者可以在一浪至五浪当中尽可能地持股获利，而在七浪与八浪中空仓。这样指数拉升的阶段获利将会更高，指数一旦进入调整，投资者还可以减仓避险。

（二）个股的八浪循环

　　既然指数可以出现八浪循环的波动情况，那么个股的八浪循环走势也再正常不过了。延续指数运行趋势，个股出现八浪循环走势是投资者调仓获利的机会。特别是在指数进入到主要的空头市场时，股价的长期大幅回落是大势所趋。这个时候，短线利用股价次级折返的机会减仓显然是减少损失增加收益的保证。主要的空头市场中，投资者可以把短线的高抛低吸和中长期的减仓结合起来操作，这样更容易成

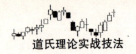

功获利。

南洋股份主要趋势与次级折返趋势如图 8-5 所示。

图 8-5 南洋股份主要趋势与次级折返趋势

如图 8-5 所示，从南洋股份的日 K 线中可以看出，股价在长达三年的时间里经历了由主要多头市场向主要空头市场的转变。而在主要的空头市场中，虽然次级折返的情况也经常出现，却无法改变股价的下跌趋势。

遵循道氏理论中所说的主要的多头市场和主要的空头市场的运行规律，在波浪理论的主升浪中持股获利是十分容易的。虽然股价涨跌变化无常，趋势却有一定的延续性。而采用波浪理论的八浪循环来划分股价不同趋势的股价走向，便能把股价运行趋势从大到小一一呈现在投资者面前。用来划分股价的八浪循环的波浪理论其实已包含了两种趋势：多头趋势与空头趋势。所以，投资者在操作股票时，应注意控制风险。

南洋股份 0.5 的黄金分割点如图 8-6 所示。

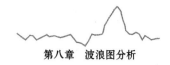
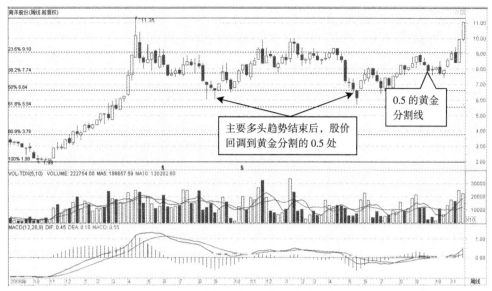

图 8-6 南洋股份 0.5 的黄金分割点

　　如图 8-6 所示，在南洋股份的日 K 线中，该股主要多头趋势结束
之时股价出现了十分明显的回调。在股价下跌过程中，寻找短线股价
折返点是投资者一定要做的事情。而如果运用黄金分割线来划分股价
的前期涨幅，就能得出预期将会出现的折返价格了。

　　图中显示，股价见顶回落以后，就在黄金分割的 0.5 处出现了反
弹走势。股价两次折返都出现在了 0.5 的黄金分割位置，表示股价的
加仓机会已经出现。

　　既然股价在 0.5 的黄金分割点出现了短线见底信号并开始放量反
弹。那么，投资者可以在这个主要空头市场中利用次级折返的机会做
多此股，获得短线收益或减少前期未能清仓造成的损失。

　　为什么在这个阶段要使用黄金分割来判断股价预期的折返点呢？
因为只有投资者提前判断出股价将要出现的折返价格，才能在相应的
价位做好买卖准备。股价短线的见底信号一旦出现，投资者就可以马
上做短线了。在主要的空头市场，判断出股价折返的底部，就能用波

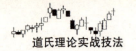

浪理论来划分股价的八浪循环走势。

南洋股份八浪循环的次级折返如图 8-7 所示。

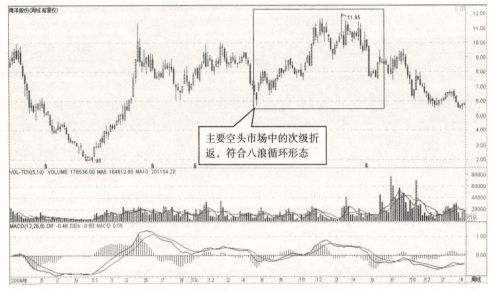

图 8-7　南洋股份八浪循环的次级折返

如图 8-7 所示，南洋股份的日 K 线中，此股的次级折返走势显然就是八浪循环的情况。从股价的见底反弹到此股成功见顶回落的整个过程中，若八浪循环划分正确的话，那么投资者短线获利将不是问题。八浪中，上升浪和调整浪交替出现，股价最终在主升浪第五浪出现了顶部并开始逐步回落。操作上，投资者应该把此股的次级折返走势作为中线操盘的依据。因为无论八浪循环如何发展，都不会改变股价的这种下跌趋势。最终的八浪总会成为主要的趋势，投资者要尽量在八浪来临以前获得更多的利润，这才是追涨次级折返股价的根本目标。

南洋股份八浪循环解析如图 8-8 所示。

如图 8-8 所示，南洋股份的日 K 线中，此股次级折返走势中的八浪循环形态非常清楚地标注出来。从该股的八浪循环来看，前五浪的次级折返主升走势是非常不错的获利机会。虽然此股最终出现了见顶

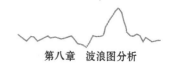

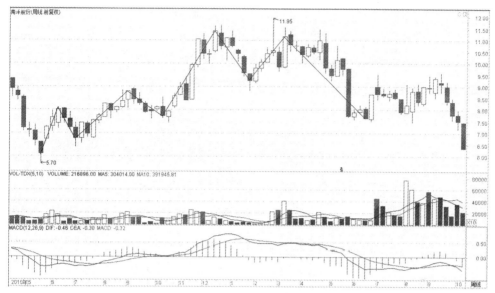

图 8-8　南洋股份八浪循环解析

回落的迹象，但投资者仍然可以获得利润。在该股的主要空头市场中，主升段的飙升幅度是惊人的。而若从此股的次级折返的中短线走势来看，被分为波浪走势的一浪至五浪的拉升阶段都是投资者成功获利的机会。

　　从八浪循环的情况来看，投资者可以建仓的机会出现在图中的二浪底部与四浪底部，而持仓获利的主要阶段是三浪与五浪的股价反弹阶段。若前五浪中投资者都未能获得相应的回报，那么等待股价出现六浪的调整浪时，就应该在股价反弹的过程中快速减仓了。否则，随着股价的持续下跌，投资者一定会面临着大损失。

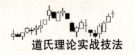

三、熊市行情的八浪循环走势

熊市行情中，虽然股价运行趋势是主要的空头市场，但也同样可以划分成八浪循环的情况来分析。熊市行情也就是主要的空头市场，股价运行基本趋势一定是向下的。但是，再大的空头市场，也会有短线折返的情况出现。可以说，空头市场中的次级折返走势和主要的下跌趋势共同组成了股价的主要空头市场中的八浪循环走势。

在熊市中的八浪循环的情况中，投资者可以调动的操盘机会其实很少。并且，在空头市场中的次级折返的情况下，股价反弹的高度也是十分有限的。能否在有限的涨幅上获得尽可能多的收益，是摆在所有投资者面前的重要课题。

（一）上证指数熊市中的八浪循环

作为国内的主板市场，上证指数若同样遵循八浪循环的情况的话，那么其无疑更具有代表性。尤其是在熊市中，下跌成为股价常态，中短线出现的次级折返走势若符合八浪循环形态的话，则更具相应的买入机会。投资者在操作股票过程中应准确把握股价的这种走势，以获得相应的回报。

1. 上证指数的八浪循环分析

上证指数的八浪循环走势中，投资者可以选择在股价的主要回升阶段加仓，用加仓的资金获利摊平前期造成的损失。既然指数在前期已进入到主要的空头市场，那么中短期的次级折返走势就是投资者短线加仓获利的最好机会。用八浪循环的走势划分上证指数的次级折返

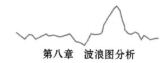

走势，买卖机会自然就出现在投资者面前。

上证指数次级折返的八浪循环分析如图 8-9 所示。

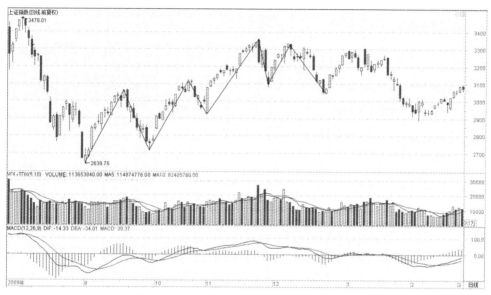

图 8-9　上证指数次级折返的八浪循环分析

如图 8-9 所示，上证指数的日 K 线中，自从前期双顶见顶3478.01 的最高点后，指数持续震荡下跌。虽然图中在中短期底部2639.76 点止跌，短线次级折返的幅度还是很高的。从八浪循环的角度来分析此次级折返走势，可以发现把握好此股的操作机会并非难事。

从图中可以看出，虽然上证指数八浪循环的情况复杂多变，却可以呈现出比较清晰的八浪结构。作为上证指数的次级折返走势，在中短线加仓是可以获得丰厚的利润的。至少在指数的次级折返结束以前，投资者可以在尽可能的高仓位持股获利。一旦指数进入到五浪飙升阶段，投资者就要当心了。作为主要的空头市场中的次级折返的情况，指数是不可能超越前期的高位的，个股的走势也是如此。一旦指数在五浪中出现见顶信号，持股减仓将是十分明智的选择。

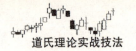

2. 八浪循环对应的道氏理论不同趋势

道氏理论的短期趋势：一浪至七浪中，各浪都是短期趋势。作为次级折返情况，八浪循环中的每一浪都是折返过程中的短期趋势。此时，投资者若操作股票的话，也应该将其视为短线来操作。次级折返过程中，投资者会获得很多短线高抛低吸的机会，把握次级折返的主升段行情，自然能获得利润。八浪循环过程中，短线的第二浪与第四浪的调整可以轻微减仓，而在更多的时间里持股，等待五浪结束的时候再清仓操作。

道氏理论的中期走势：一浪至五浪的走势。从一浪至五浪的走势，可以视为中期行情。因为，指数毕竟在此时已处于主要的空头市场，次级折返的全部涨幅几乎都在一浪至五浪中实现。既然如此，一浪至五浪的走势显然就是股价的中期行情了。只要把握好这个阶段的股价较大幅度的上攻行情，就一定可以获利。

道氏理论的长期走势：八浪的持续回落走势。指数自从成功跌破主要的多头趋势后，次级折返的情况只不过是长期空头趋势的中短线的调整罢了。面对这样的调整，投资者在操作上应谨慎面对才行。把握好主要的空头趋势，中短线调仓获利才是理想的做法。长期来看，股价下跌的大趋势肯定不会因为中短线的次级折返走势而很快进入尾声。从持股的仓位上来看，应尽量空仓面对股价的下跌趋势，这样才能减少风险。

（二）个股的八浪循环

通威股份主要空头趋势中的次级折返如图 8-10 所示。

如图 8-10 所示，通威股份的主要多头趋势和主要的空头趋势已经十分明确了。图中股价在成功见顶最高点 12.52 元后出现了明显的大跌，股价的持续空头市场从此时开始了。股价持续下挫的走势成为以

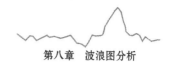

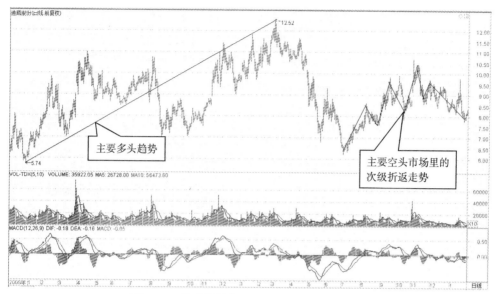

图 8-10　通威股份主要空头趋势中的次级折返

后的主要特点。图中股价次级折返的情况，其实是投资者短线获利增加收益，并借此减仓的重要时机。

在大的方向上把握股价走向，比短线看着股价波动要好得多。股价中短线的走势，一定应符合长线趋势。图中股价出现在主要的空头市场中的次级折返的情况，其实是投资者的操作机会。用波浪理论来分析此股的八浪循环构成的次级折返走势是获利的关键。

通威股份八浪中的主升段和调整段如图 8-11 所示。

如图 8-11 所示，图中是通威股份的日 K 线中的八浪循环的情况。虽然是主要的空头市场中的次级折返的情况，但还是可以划分成明确的八浪循环形态。从股价八浪循环的变化趋势来看，投资者是很容易获利的。从一浪至五浪的走势中，都是次级折返的这样趋势，而次级折返走势结束时正是七浪开始的时刻。

从操作上来看，从一浪至五浪结束以前，仓位上可以适当高一些。毕竟次级折返结束还是需要一定时间的。投资者在此阶段尽可能多获

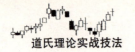

得一些利润，就能成功摆脱该股的主要空头市场。

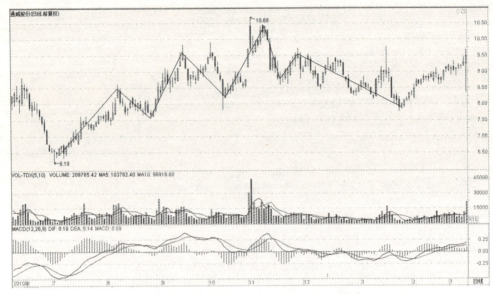

图 8-11 通威股份八浪中的主升段和调整段

通威股份一浪和二浪如图 8-12 所示。

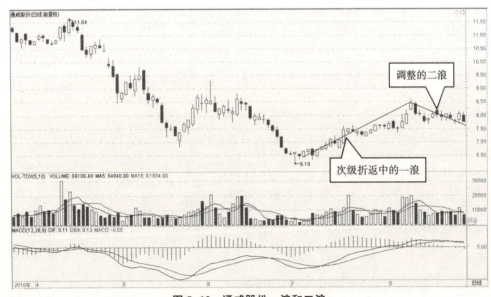

图 8-12 通威股份一浪和二浪

如图 8-12 所示，通威股份在两个月的时间内完成了次级折返的两

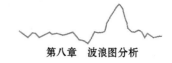

浪。虽然股价短线回调，却没有改变中线次级折返的走势。这样一来，短线获利后减仓是必然做法。股价冲高回落，实际上是次级折返中的一个小阶段。后市股价依然会延续折返走势，此时投资者应持有一定的仓位等待股价继续回升。

但是，考虑到股价处于主要的空头市场中，此阶段的持仓应该谨慎才行。在股价次级折返的八浪回升态势中，可以在拉升阶段持仓，而在调整浪出现时减仓，并及时在股价再次拉升时再次加仓，并使增加的仓位小于前一个拉升趋势，直至股价见顶五浪顶部时完全清仓，就能在获利的情况下脱离主要空头市场了。

通威股份三浪和四浪如图 8-13 所示。

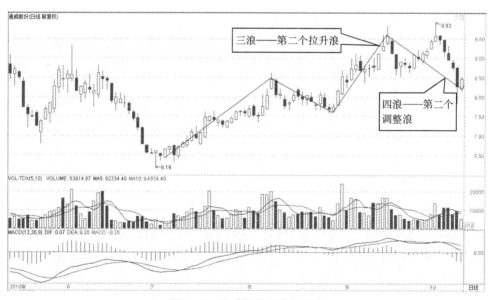

图 8-13 通威股份三浪和四浪

如图 8-13 所示，通威股份的日 K 线中，股价在第三浪的拉升浪与第四浪的调整浪中完成了八浪循环中的两个浪。此时，投资者应该已获得了一定的利润。毕竟股价已上升了两个阶段，投资者应该总体考虑在获利以后持续减仓。股价的飙升趋势将会继续下来，五浪的主

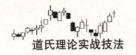

升浪也快要展开了。在获得最后的一个拉升浪，即第五浪的利润后，投资者成功减仓的话，就可以脱离主要的空头趋势了。在这个次级折返的八浪循环中的五浪结束以前，投资者是可以维持一定的仓位的。一旦五浪结束，就应该空仓持币观望。

通威股份五浪成功见顶如图 8-14 所示。

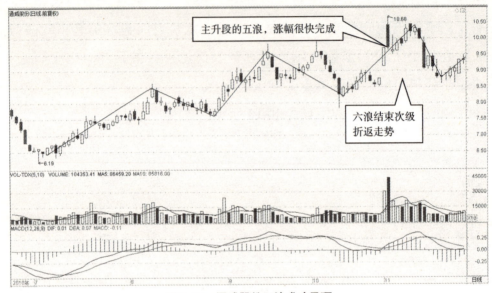

图 8-14　通威股份五浪成功见顶

如图 8-14 所示，八浪中的五浪持续时间并不长，股价涨幅在很短的时间里就结束了。这样，图中六浪的出现已是此次级折返走势结束的信号了。把握此次级折返的走势，减仓的最佳机会应该就是五浪结束而六浪开始的阶段。前期一浪至五浪回升的趋势中，投资者获得的利润已经非常丰厚了。

通威股份八浪的下跌走势如图 8-15 所示。

如图 8-15 所示，通威股份的日 K 线中的八浪循环已基本完成。形态上虽然已经结束了，但八浪的下跌趋势还没有真正结束。因为此股正处于主要的空头市场，前期股价出现较大的反弹走势只是次级折

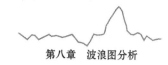

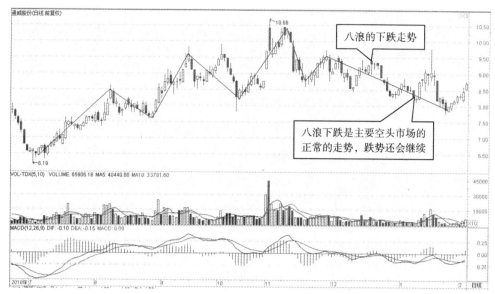

图 8-15　通威股份八浪的下跌走势

返走势的一部分而已。这样看来，投资者可以在此阶段空仓。八浪绝不会是图中所示的一点跌幅，后市股价下跌的走势会在长时间、深度范围内出现。由此可见，空仓做法一定是面对主要空头市场的理想方式。把握好卖点，自然能在今后成功减少损失。

四、不同周期的八浪循环转换

不同周期的八浪循环实际上是可以转换的。其实指数运行过程中的八浪走势，在很多情况下都会出现。短期的八浪循环走势是最基本的走势，可以转换成中长期的八浪循环走势。而八浪循环走势一旦出现，在很多时候会出现延伸浪。这也很值得投资者关注。投资者非常容易理解基本的八浪循环走势。但是若谈起不同八浪循环之间的转换

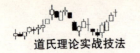

和波浪的延伸浪，就很难以理解了。实战中常见的短期八浪向中长期八浪转换的过程是很值得投资者关注的。掌握不同八浪间的转换过程，期间的利润很容易获得。

指数主要的波动趋势中，次级折返的情况也会经常出现。次级折返的走势也同样由八浪组成。投资者判断买卖机会时，同样能用八浪循环来分析股价的这种波动状态。

（一）八浪循环包括牛熊两种市场

股价运行的八浪循环模式是由牛市与熊市两种趋势组成的。从一浪至五浪可以看作是一个完成的牛市行情。而股价一旦进入六浪，那么熊市就开始了。六浪、七浪、八浪可以看作是一个完整的熊市。所以判断不同八浪之间转换时，投资者一定要注意期间的涨跌状态。牛熊相互转换的过程中，操作手法是截然相反的。等到八浪完成时才考虑减仓，利润可能就已消失殆尽了。

上证指数八浪循环中的牛市与熊市如图 8-16 所示。

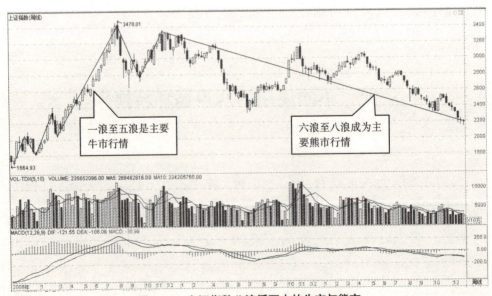

图 8-16　上证指数八浪循环中的牛市与熊市

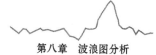

如图 8-16 所示，从上证指数的周 K 线走势中能看出该指数明确的八浪循环情况是怎样演变的。从指数见底回升的一浪开始，股价开始在震荡和调整中完成前五浪。到第六浪时，指数跌幅过大，基本上是前五浪的结束信号了，而七浪的反弹是十分无力的，并不能顺利突破前期的高位。这样，八浪的持续下跌走势出现了。

若从牛熊的角度来分析的话，一浪至五浪基本上是在牛市中发生的，是牛市中的浪。六浪是八浪开始的起点，也是熊市开始的时机，可以把六浪至八浪的走势划分为熊市当中的浪。

道氏理论主要多头市场和主要空头市场的划分方法中，一浪至五浪可以认为是主要的多头市场；六浪至八浪可以认为是主要的空头市场。二浪、四浪是主要多头市场中的次级折返走势；七浪是主要空头市场中的次级折返走势。这样，分析八浪循环中的买卖时机时就容易多了。

（二）短期牛市波浪到长期牛市波浪的转换

在波浪运行过程中，短期的八浪循环会向长期的八浪循环转换。投资者若在短期的八浪中操作股票的话，还应注意到八浪循环完成以后股价运行趋势向长期八浪的转换过程。不同周期的八浪循环转换时，获利的机会会增多。

进入主要多头趋势的指数，短线的八浪形态虽然是操作个股的机会。但随着指数运行趋势的演变，长期的八浪循环会代替前期短线的八浪循环走势。短期八浪循环的上涨幅度虽然十分高，却不及长期八浪循环的上涨幅度。把短期的八浪循环放在长期的八浪循环走势中分析，投资者就可以得到一个结论，股价的运行趋势其实只是刚开始而已。相对于指数以后的长期牛市行情，短期出现的八浪循环才是减仓且获得长期利润的起点。

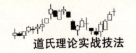

上证指数周 K 线中的短期八浪如图 8-17 所示。

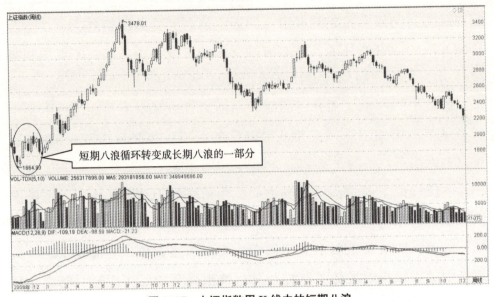

图 8-17　上证指数周 K 线中的短期八浪

　　如图 8-17 所示，上证指数周 K 线底部开始企稳时出现了明显的两个浪：冲高的一浪与回落的二浪。这是从周 K 线当中看到的，具体到日 K 线中，股价的走势又是如何呢？我们可以假设指数确实出现了相似的八浪。日 K 线中的八浪循环模式构成了周 K 线当中的一浪与二浪。也即日 K 线中短期的八浪构成了周 K 线中长期八浪的一部分。

　　上证指数日 K 线中的八浪分解如图 8-18 所示。

　　如图 8-18 所示，上证指数在两个月的时间内完成了八浪形态。八浪构成的基础是一浪至五浪的飙升趋势，还有从六浪至八浪的调整形态。时间虽然十分短暂，股价在两个月的走势中可以有不同的买卖机会。总的来说，回升到五浪顶部以前，都是投资者不错的加仓机会。而六浪的出现，表示股价短线下跌趋势就此开始。两个月的时间里，投资者获利的时机可以是从一浪至五浪的飙升阶段。总体来说，指数两个月的八浪循环构成了指数周 K 线中的八浪的一部分。不管怎样，

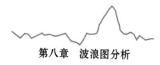

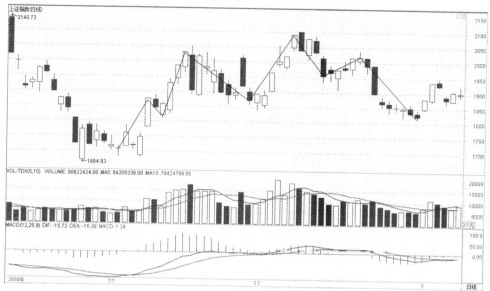

图 8-18　上证指数日 K 线中的八浪分解

在两个月的八浪循环中获得利润的机会是有的，毕竟八浪循环是由牛熊两种市场构成的。而把短线的八浪放在长线的八浪中，从周 K 线中看股价的这种牛市行情还未真正结束。长期上涨的走势才刚开始。图中持续两个月的八浪调整完成后，指数将迎来更高涨幅。

（三）主要趋势中的次级折返八浪

指数的主要运行趋势中，次级折返的八浪走势是十分常见的。主要的趋势虽然还在延续，八浪在次级折返中的作用却不可小觑，尤其是在较大的长期趋势中。这样，投资者在次级折返走势中应尽可能获得很高的回报才行。主要的空头市场中，这种次级折返的情况是很好的短线机会。空头市场虽然总会延续下来，次级折返中获利的机会却不容忽视。尤其是那些在股价进入空头市场时已经亏损的投资者，更应该借着次级折返的机会获得尽可能多的回报，以便为减仓随时做好准备。

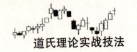

上证指数周 K 线中的次级折返位置如图 8-19 所示。

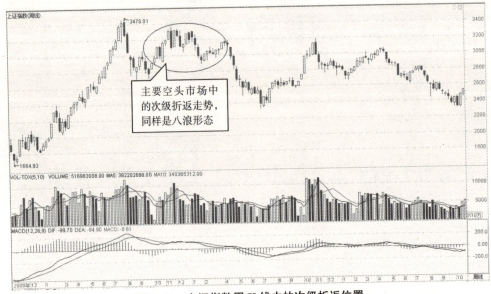

图 8-19　上证指数周 K 线中的次级折返位置

如图 8-19 所示，从 1664 点的底部反转上涨的指数经历了牛熊两种市场。而图中股价短期反弹的走势就是在这样的空头市场中的次级折返的情况。在次级折返的过程中，投资者可以获得短线利润。长期来看，股价持续回落的过程一定会给投资者造成很大的损失。作为长期下跌趋势中的次级折返的短线回落机会，图中所示的位置是投资者的最佳操作时机。次级折返的减仓机会并不多见，一旦出现，投资者就应该抓住机会大幅度减仓。因为若不断地持仓的话，主要的空头市场一定会给投资者带来巨大的损失。

上证指数日 K 线中的八浪循环分解如图 8-20 所示。

如图 8-20 所示，从上证指数的 K 线中看，其次级折返的幅度还是非常高的。图中股价大幅上扬，完成了持续长达五个月的次级折返走势。从操作上来看，投资者可以在五浪见顶以前，也就是六浪来临前持股，以获得股价飙升过程中的利润。

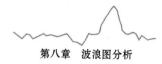

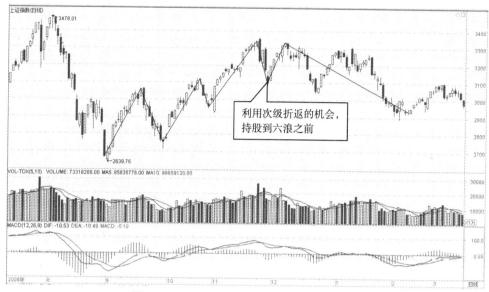

图 8-20 上证指数日 K 线中的八浪循环分解

次级折返走势虽然无法改变长期的主要空头市场的下跌趋势，却可以为投资者提供不错的短线获利机会。股价折返过程中，投资者可以在此阶段短线盈利，减少因为空头市场来临所造成的损失。

从趋势转换的角度看，次级折返走势中的八浪其实就是前期主要多头趋势见顶时的七浪和八浪的转换过程。指数在次级折返的八浪中出现的冲高回落的走势就是七浪反弹和八浪持续下跌的走势。看待主要空头市场中的次级折返的走势，应该把其间发生的八浪形态放在主要空头市场的大趋势中看。次级折返的走势构成了主要空头市场中的一个短期反弹。而主要的空头市场的走势其实就是指数周 K 线中八浪循环中的第八浪的持续下跌的走势。相互间的转换过程，只有反转信号出现，而且股价进一步延续趋势时，才可以兑现。

（四）短期熊市波浪到长期熊市波浪的转换

既然波浪理论中的八浪循环情况包含牛熊两种市场，那么投资者

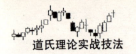

就可以在关注短期的八浪走势时，考虑到股价的下跌趋势是否会延续到长期的趋势中。波浪理论中的八浪，下跌调整的时间与幅度是不确定的，其伸缩性非常强。若短期的波浪理论中的八浪持续下来，并且成为股价主要空头市场的一部分的话，那么没能清仓的投资者一定会损失惨重了。

在短期熊市中，波浪理论中的八浪是能转换为长期熊市的八浪的。股价在下跌过程中，看似短线见底的股价却在调整以后再次回落。频繁震荡回落的股价，最终完成了长期的熊市波浪形态。长期熊市对投资者利润的侵蚀是十分严重的，没有长期持币观望的决心是不可能轻松度过熊市的。

上证指数熊市八浪第一次延伸如图 8-21 所示。

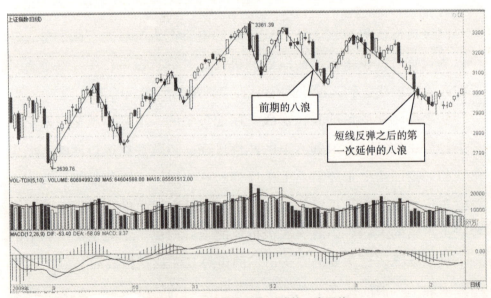

图 8-21　上证指数熊市八浪第一次延伸

如图 8-21 所示，上证指数的八浪循环的过程是十分明确的。但八浪的下跌走势毕竟是指数长期空头市场的一部分。因此，指数不仅在前期的八浪中出现了回落，短线反弹以后，又出现了图中所示的八浪

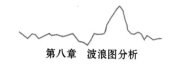

的延伸浪。准确地判断此指数的延伸，与投资者以后的盈利状况息息相关。延伸的下跌八浪对投资者的获利的影响是十分大的。若提前判断出不断延伸的下跌八浪，能减仓持股的话，就可以规避风险了。

上证指数熊市八浪第二次延伸如图 8-22 所示。

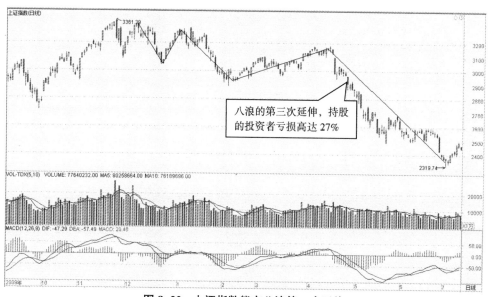

八浪的第三次延伸，持股的投资者亏损高达 27%

图 8-22　上证指数熊市八浪第二次延伸

如图 8-22 所示，指数的八浪第二次得到延伸，还未成功减仓的投资者会在这个延伸浪中损失惨重。从指数大幅下挫的走势来看，主要的空头趋势还在延续，跌势不可能在短时间内结束。八浪循环中的第八浪的下跌趋势，不仅是图中的第二次延伸，而且会再次出现更多延伸浪。能够理解延伸浪的投资者，一定不会在短线指数反弹时加仓获利。

上证指数熊市八浪第三次延伸如图 8-23 所示。

如图 8-23 所示，上证指数的日 K 线中，下跌趋势第三次延伸下来时，下跌空间再一次扩大。图中指数折返的幅度虽然很高，达到了前期高位附近，却无法改变空头主要的下跌趋势。指数在图中折返的

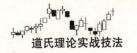

幅度还是非常高的，但后续的下跌幅度更大。从图中来看，指数已跌
破了前期低点，达到了最新低点 2132 点。

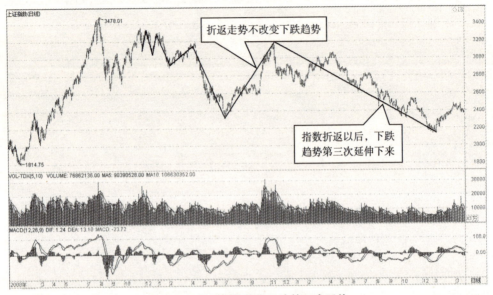

图 8-23　上证指数熊市八浪第三次延伸

第九章　道氏理论的致命缺陷

　　道氏理论虽说十分重要，对于投资者把握指数运行的大趋势十分有利，但仍然存在着很大的缺陷，不能被轻易地克服。投资者在使用道氏理论的时候，应该注意这些理论方面的不足之处，以便及时采取相应的应对措施。在实战应用时，道氏理论只可以指导投资者中长期的走势，对短线股价的走势是无能为力的。这也是为什么道氏理论无法指导投资者买卖个股的原因之一。等到道氏理论发出新的长期趋势的信号时，买卖机会也已经过去了。道氏理论反映了基本的运行趋势，调整市场当中获利是十分困难的。最初道氏理论被用来判断指数的走势，这也限制了投资者在个股走势中运用道氏理论获利的操作。

一、只反映股市基本趋势

　　股市运行的基本趋势无非是主要的空头市场和主要的多头市场，两种主要的市场即为我们所说的熊市与牛市。道氏理论主要用于判断股价运行的基本趋势，道氏理论是无法判断股市短期的变化方向的。当然，短期股价的波动情况所处的主要趋势能够从道氏理论里得出一

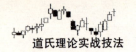

些结论。

　　既然道氏理论说的是主要的空头与多头市场以及期间出现的次级折返的走势，那么对于主要的运行趋势以外的调整，投资者只得运用其他方法来判断买卖的机会了。尤其是主要趋势中比较剧烈的调整走势或是次级折返的情况。很可能随着时间的推移，这些调整的情况会转化成中长期运行趋势。

　　上证指数——熊市中的小反弹如图 9-1 所示。

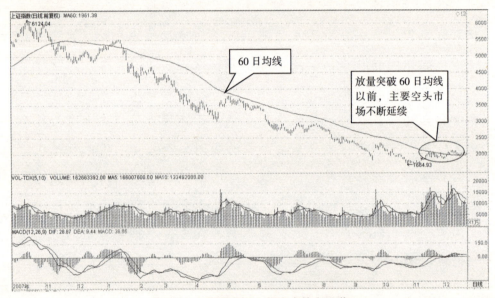

图 9-1　上证指数——熊市中的小反弹

　　如图 9-1 所示，上证指数的日 K 线中，股价持续下跌的走势一刻也不停地持续着。而这时的 60 日均线显然起到了压制股价反弹的作用。指数在长达 10 个多月的时间里，虽然中间也出现过小反弹，却从没有突破过此均线，表示压力还是十分强的。可见，指数自从见顶最高位 6124 点后，还从没有像现在这样长时间大幅下跌。道氏理论所反映的趋势，也正是指数持续回落的主要空头市场，很小的反弹显然不在道氏理论考虑的范围内。

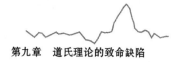

上证指数——牛市中的小回调如图 9-2 所示。

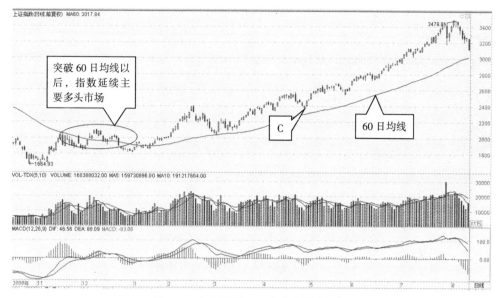

图 9-2　上证指数——牛市中的小回调

　　如图 9-2 所示，和前期指数的持续下跌走势不同的是，图中指数明显已顺利突破了 60 日均线的束缚，进入到回升的牛市当中。同样的，这样的突破点从道氏理论的角度来说还是需要时间来考验的。在短时间内看来，此突破只能当作指数的次级折返来看，不能看成是股价即将进入牛市行情。道氏理论就是这样，所说的主要趋势只有在被确认的时候，才可以称为主要的多头市场，否则就是和主要趋势相反的次级折返的走势。

　　在指数开始放量反弹的初期，从时间上来看，即使指数在短短两个月时间里站稳了 60 日均线，可以认为是牛市的起点。但这个起点是否是指数短暂的反弹行为，还需等待趋势的进一步验证。后市该指数确实延续了 60 日以上的震荡上行趋势，成就反转过程中的主要多头市场。回过头来看，指数基本运行趋势明显是持续向上的。但是像图中 C 所示的短暂回落的情况，显然不能反映在道氏理论中。即使是从次

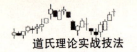

级折返的角度来讲，这个位置的跌幅实在是太小了，也不是像样的次级折返走势。道氏理论中所说的指数运行的基本多头趋势是不可能因为这一次的短暂调整而结束的。把握卖点，自然还能够继续获利。

道氏理论反映的是股价运行的基本趋势，主要的多头趋势与主要的空头趋势都在这个范围内。短期的股价运行趋势虽然也曾说过，但持续数天或数个星期的短期趋势是否就是中期趋势或是长期趋势的一部分是不太好判断的。短期趋势可能和基本的运行趋势相反，当然也可能相同。

二、容易错过操作时机

道氏理论中所说的主要的多头市场或主要的空头市场，在真正出现之前是需要时间来不断确认的。短时间内出现的有悖于前期运行趋势的走势，很可能只是次级折返中的一小部分而已。投资者在运用道氏理论发现股市运行的主要趋势时，等待趋势真正形成的时候，指数很可能已波动了一个非常大的空间。确认道氏理论中所说的主要趋势是很难的。从买卖时机的角度来看，使用道氏理论发现第一时间出现的买卖机会也是非常难的。

既然道氏理论无法提供给投资者第一时间买卖股票的机会，投资者比较可靠的做法，应该在道氏理论中所谓是次级折返的走势中尽量反向操作。而一旦次级折返的情况转换成指数中长期相反的运行趋势，投资者也就可以轻松地把握市场的走向，为获得利润做好准备了。

在指数的次级折返走势中，无论股价向哪一个方向运行，投资者都有获利的可能性。如果指数的运行趋势要转变的话，还是需要在次

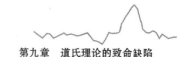

级折返时开始转变的。在指数长期运行趋势中，次级折返的走势一定会出现的。次级折返的走势若不是在短时间内延续，而是在中长期走势中延续的话，指数也就发生了趋势的根本转变。此时投资者若已经动用了部分资金来参与次级折返的走势的话，一定可以成功获利。

上证指数——牛市起涨点如图9-3所示。

图9-3　上证指数——牛市起涨点

如图9-3所示，在长达一年多的熊市中，指数不断下跌，终于在图中A、B所示的位置出现了十分明确的反转信号。长达一年的熊市将在此时出现反转的信号，把握好反转机会，以后获得利润是必然的。

从趋势线的角度来看，图中股价突破的A点虽说突破明显，但趋势线并不是从指数最初回落点6124点开始的，对趋势的判断明显是短暂的。但B点的突破就不一样了，指数的下跌趋势线是从6124点开始的，和图中Q点所示的指数对应的点连接起来形成了下跌趋势线，这条下跌趋势线的作用效果是需要重视起来的，长期下跌的趋势线就是在此趋势线之下形成的。图中B点完成的快速突破走势是不同寻常的

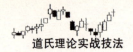

突破信号。

从追涨机会来看，A 点买入股票的机会明显好多了。股价在 A 点首次突破中期趋势线，完成了由空头市场向多头市场的转移，表明投资者做多的机会已经成熟。而图中 B 点指数突破长期下跌趋势线的情况虽说非常真实，但却是在指数首次突破中期下跌趋势线之后出现的，突破点的买入机会并不好。如此一来，考虑到建仓效果，当然是 A 点的突破点最有效了。从道氏理论来看，等待此理论中所说的趋势确定之后再采取行动，其实已经太缓慢了。

上证指数——牛市结束点如图 9-4 所示。

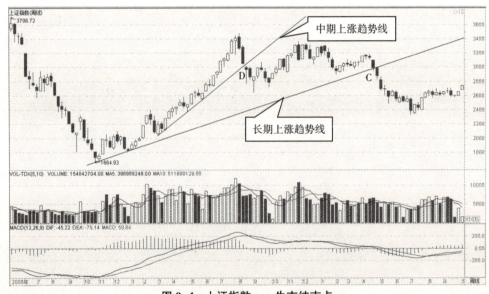

图9-4　上证指数——牛市结束点

如图 9-4 所示，上证指数的周 K 线中，股价的飙升趋势十分明确，但还是在冲高回落中再次进入到主要的空头市场。从主要的空头市场反转下跌，图中所示的 C、D 两点是非常不错的减仓机会。判断出 C、D 两点的减仓机会，同样是从指数跌破趋势线的角度看的。D 点是指数第一次跌破趋势线，成为投资者减仓的卖点自然不错。但从

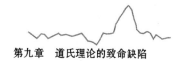

趋势线的角度看，D点出现的原因，是中期的上升趋势线被跌破。而长期的趋势线在图中C点被跌破，成为卖点明显要迟很多。

投资者都清楚股市中会买的不如会卖的，选择减仓的机会不同，对以后控制风险的影响十分大。道氏理论中所说的主要多头市场，图9-4中已被轻松跌破。若运用道氏理论来指导减仓机会，其实是不好实现的。等待道氏理论中所说的确认原则实现后，指数已在此期间出现了非常大的跌幅。

三峡新材——牛市中后期大幅上涨如图9-5所示。

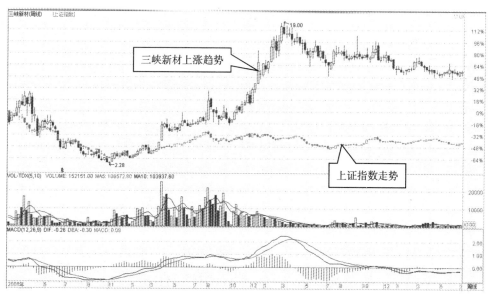

图9-5　三峡新材——牛市中后期大幅上涨

如图9-5所示，三峡新材的周K线中，指数的运行趋势明显要弱得多。股价最终大幅飙升，把上证指数远远地甩在了后面。这表明判断此股买点时，指数运行情况并未提供给投资者非常可靠的买点。通过道氏理论判断指数的运行趋势、明显不适合三峡新材。指数的走弱和三峡新材的走强形成了十分鲜明的对比。股价大幅上涨以后，成为远超指数涨幅的黑马股。

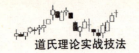

道氏理论的相互验证原则，要求两种指数运行趋势一致来验证，比如量能配合、收盘价格、反转信号确认等。这么多的验证虽然可以提供十分可靠的信号，但却延缓了投资者的操作机会。若等待这些信号全部出现以后再考虑买卖股票，显然已经错过了最佳投资机会。

相互验证原则在很多时候不一定可以得出正确的结论。投资者操作个股的过程中，等待指数出现反转回落的信号后再采取减仓的操作，很可能错过将要出现的大黑马。由此可见，运用道氏理论来指导投资活动的时候，还应有清醒的认识。此理论所说的相互验证原则虽然是比较可靠的做法，但验证以后的买卖机会却不一定好。尤其是在指数出现了不明确的操作信号，而另一个指数却没有出现相应的操作信号，这就需要投资者判断信号的真伪，以便选择等待或开仓买入股票。

三、对于选择股票没有帮助

道氏理论是针对指数的基本趋势而言的，如果把此理论用在个股中的话，起到的作用是千差万别的。指数运行趋势很可能是持续向上的，但个股的涨跌趋势却大不同。同一时期的指数，对应的个股走势有的上涨趋势十分明确，长期拉升的幅度比较高，可以成为难得的牛股，但另外一些个股的走势虽说也是在长期趋势中运行，上涨的幅度可能就要小得多了。

投资者在把握好指数运行趋势的情况下，如果想获得更多的利润，还需要在个股中细心挑选才行。股价可以跟随指数同步上涨，涨幅的大小要决定于个股的走势如何和指数相关了。正相关性强的情况下，个股的走势会和指数的涨跌幅度相差无几。而相关性差的个股中，可

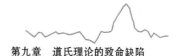

能出现远超指数涨幅的大牛股。有能力挑选出那些股市中的黑马的投资者，总能获得尽可能多的利润。

宁波韵升——背离指数持续飙升的牛股如图 9-6 所示。

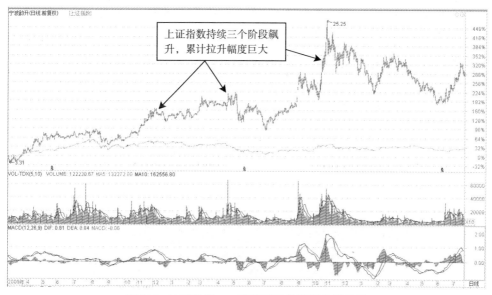

图 9-6　宁波韵升——背离指数持续飙升的牛股

如图 9-6 所示，从宁波韵升和上证指数的叠加图可以看出，股价的运行趋势虽说比较大，指数却未出现相应的涨幅。从宁波韵升的复权 K 线图中能看出，此股股价持续时间长达两年的三波段拉升都没有体现在指数中。这表示投资者使用指数来判断买卖机会和选择强势股达不到预期效果。既然道氏理论无法指导投资者选择强势个股，那么对以后的投资帮助显然要大打折扣了。

以上个股走势和指数的运行趋势相差很大。多数股票可以强于指数，出现幅度较大的飙升。但也有股票涨幅不如指数。长线持股弄不好还会遭受损失，这对于热衷于股票买卖的投资者来说是一个十分大的打击。

道氏理论的研判对象其实是指数而并非个股，此理论最初也是为

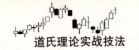

了研判指数的走势而被创造出来的。投资者要想在同一指数下选择不同的强势股，其实是十分困难的。道氏理论可以指导投资者买在指数走强的时刻，却无法提供关于个股买卖机会的信号。即使是在主板当中的近两千只股票中，要挑选出那些真正的牛股，也是十分困难的事情。判断好指数的运行趋势，只是为我们获利提供了一个机会，而不是最终获利的手段。

四、调整势态中不容易获利

运行趋势在指数调整的过程中是不明朗的。若前期股价的运行趋势本身就不确定，也就谈不上使用道氏理论判断股价的主要趋势。短线调整的走势不可能反映在道氏理论的主要趋势中。虽说指数的运行趋势看上去像是调整的，波动空间是十分高的。要想在这个阶段获利，投资者判断指数调整阶段个股的买卖机会就显得十分重要。

在指数短线运行趋势中，股价买卖机会是非常难以确定的。与其说使用道氏理论来判断股价的运行趋势和买卖机会，倒不如使用黄金分割或是百分比线提前判断出会出现阻力的位置，以采取相应的买卖操作。黄金分割和百分比线虽然只是提供预期的调整价位，但股价历史的转折点显示，不同的黄金分割线和百分比线出现了明显的调整，显然是起到了一定作用的。从操作上来看，与其运用道氏理论来指导调整走势中的买卖操作，倒不如使用这些分割线。

上证指数回调到 0.618 的黄金分割线如图 9-7 所示。

如图 9-7 所示，上证指数见顶于最高位的 3478 点后开始大幅下跌，图中指数在回落至黄金分割线的 0.382/0.5、0.618 时出现了明显的

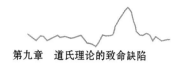

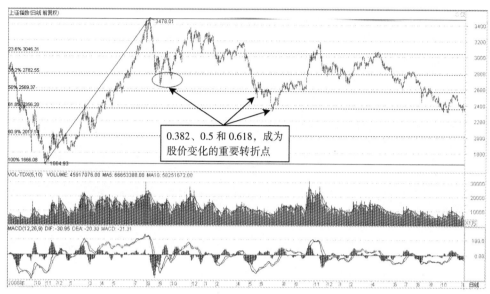

图 9-7　上证指数回调到 0.618 的黄金分割线

反弹，说明短线操作股票的机会是有的。但是从道氏理论来看，前期的股价持续飙升的主要多头市场出现了十分明显的见顶信号。指数大幅下跌过程中，投资者要想获得较好的利润看来是十分困难了。虽然指数可以从黄金分割的重要点位开始反弹，却无法改变指数的主要空头趋势。主要的空头市场还是指数运行的大趋势。想在主要的空头市场中获得一部分利润，看来是十分困难的事情。没有响应的企稳信号来确认，投资者恐怕还是应该空仓。

　　上证指数两个月的矩形调整如图 9-8 所示。

　　如图 9-8 所示，上证指数从 2319 点反弹到短线的高位 2600~2700 点的位置，逐渐形成了图中所示的矩形调整的形态。在调整期间，个股的走势和该指数的走势并无区别。要想在此时获利，其实十分困难。股价跌幅不大，涨幅同样也很小。要想在这个波动空间很小的矩形范围内获利，几乎是不可能的事情。持续时间长达两个月的横向矩形调整的走势，既不是道氏理论中所说的主要的多头或是空头市场，又跟

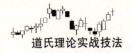

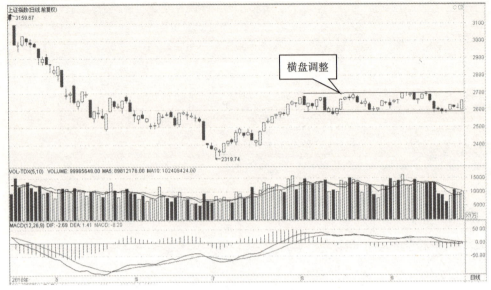

图9-8　上证指数两个月的矩形调整

中短线出现的次级折返的情况不同。对没有什么趋势可言的矩形调整走势，道氏理论就显得无能为力了。

指数的运行趋势不一定有很强的持续性。和个股的走势相似，指数也会在大涨大跌中经历调整的情况。出现调整的走势并不可怕，可怕的是投资者不能清楚地认识到即将到来的反转信号。从道氏理论来讲，判断调整中的指数反转信号是十分困难的事情。要想真正抓住买卖股票的机会，应把更多的精力花在判断指数的反转信号上。但是话又说回来，用道氏理论判断指数调整阶段的走向，显然是十分困难的事情。把握买卖机会的操作，应该更加注重个股走势的强弱和突破信号的把握上。或者说，在指数调整阶段中，仓位上一定要小，趋势确立再考虑加减仓位也不迟。

道氏理论存在的诸多缺陷，要求投资者在实战中不仅要灵活运用此理论，还要从其他方面发现买卖的机会来弥补此理论的不足。例如，道氏理论只可以判断基本趋势，而对短期的趋势和调整趋势无能为力。

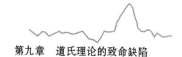

投资者应该在把握好大趋势的前提下，尽量选择空仓一部分资金，以减少以后的损失概率。趋势不明朗时，表明指数的波动趋势过大了，需要时间来消耗前期的获利盘，调整就在这个阶段出现了。即使道氏理论可以反映指数的运行趋势，在判断个股的走势上也是无能为力的。个股走势是千差万别的，要想抓住真正的黑马，投资者还需要细心地判断个股的走势的强弱才行。总体来说，判断买卖个股的时机以及挑选个股的时候，判断指数运行的大趋势，以及期间出现的中短期的次级折返情况，是道氏理论的主要作用。当然，中短期的趋势判断还是很不容易的。真的能够获利之前，投资者把握好个股的操作机会还是非常重要的。

第十章　总结篇

本书详细讲解了道氏理论的来龙去脉，理论内容、假设、理论特色与应用范围，以及怎样让投资者提高投资胜算、减低损失的机会等内容。如果你之前对道氏理论没有什么认识的话，那么现在看完这本书，你的投资眼界，你对股票市场投资的思维空间一定会开阔多了。

一、道氏理论的投资启示

对牛熊市的掌握是道氏理论的精髓。投资者在进行投资之前，需要分清楚是在牛市或熊市的哪一个阶段，如果是在牛市，是在牛市哪一期，如果是在熊市，又是在熊市哪一期。若不知道股市处于什么时期，那么无论采取什么投资方法，都不算明智，因为这样的投资欠缺了理论依据。

道氏理论适合中长线投资，在中长线中，它教你怎样以最安全的方式做买卖，尽量回避各种风险，能买就买，该放则放，不要心存侥幸而冒险。那些在牛市第三期死守不放的，都是将道氏理论置于脑后的人。

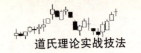

要确认一个市况，道氏理论有十分严谨的要求，不能仅仅以一个信息为准，而是要两类股市指数互相确认。由于要互相确认，因此分析的时间一定会稍长些，无法像那些凭直觉或单凭消息捕捉先机那样快。但这样做胜算大，而且赚得持久，在投资过程中，不会被一些突然而来的消息影响信心，不至于因此心急沽货或入市。根据道氏理论，投资者可以看得清形势是什么。

牛熊市规律把握得好，可以让投资者在熊市后期的最低价位上入市，而在牛市崩溃前的最高价位上出市，如此一来重复又重复，每一个牛熊循环，都可能让投资者的财富暴升。

但道氏理论的缺点，在于只看到中长线，无法让投资者在短线中赚快钱。要赚短线股市升跌的钱，就得采取其他方法、其他理论，比如炒消息、分析图表短期走势等。世上没有一套理论是完整地囊括一切的，道氏理论也不例外。但道氏理论教我们怎样利用科学精神投资股票，这是绝对值得学习的。

二、善于把握牛熊市致富何难

(一) 投资股票的目的是什么

你投资股票的目的是什么？千万别告诉我，你是为了"兴趣"或是为了"挑战自我"才去投资股票的。这些论调十分可笑。一般投资者投资股票并没有其他目的，唯一的目的就是想发达、想致富、想增加自己的财产。这是正确的观念，并没有什么错。

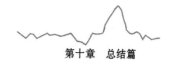

（二）投资赚钱买到自由

曾经有个朋友，当年，他还没有接触投资股票时，日做夜做，生活只有上班与下班，早出晚归，收入微薄，陪伴家人的时间很短，自己想做的事也没有机会做。

人是地球上最聪明、最有智慧的动物，但地球上并没有一种动物会像人那样终身工作，这个朋友很喜欢悠闲的生活，所以很羡慕各种动物。

他想像飞鸟一样自由自在地飞翔，不必忙于觅食，天上飞鸟不种也不收，却可以生活得好好的，在阳光之下自由自在。他喜欢像一只森林里的老虎，在吃过午餐以后，躺在树荫下午睡。

但现实生活并非如此。忙碌的生活总是让他喘不过气来，他每天努力工作，指望有升职加薪的机会，看不到有更加广阔的前景。

直到有一天，他遇上一个中年人，这位中年人当时家住港岛半山的宝山道，很多打工仔不吃饭不花费，做 20 年也无法买到那里的一套房，但他竟然是一个无业游民，没有出去工作，却生活得很悠闲、很舒适，过着自己喜欢的生活。他说了一句发人深省的话。

他说："我用股票换来了自由。"

（三）成功的投资实现人生的理想

这句话让我朋友感受颇深。朋友一向以为股市是绑死人的，1973年的股灾是老人家挂在嘴边的痛苦经验，叫朋友不要碰股票，但现在竟然听到一句刚好相反的话，中年人竟然用股票买自由。

这真的难以想象，但实际上，中年人并非一派胡言，他成功了，做了一个享受自由自在生活的单身贵族，他带我朋友去证券所，朋友看了半天，股市的运作已经让朋友明白怎样去赚钱。

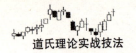

从那以后，朋友决定去研究股票，他最早接触到的，就是道氏理论。当时市面上有关股票的中文书籍很少，而他所读的，都是从外文书店买到的英文股票投资著作。

他刚开始时不敢搏得太大，只是稍微尝试了一下，得高人传授诀窍，从书里找到理论依据，很快就在股市中尝到甜头，赚了一些钱，那心情真是畅快。但他并没有得意忘形，谨记长辈 1973 年股灾的惨痛教训，不愿意再重蹈覆辙。

他需要稳健的投资方法，不做冒险分子搞投机，他有妻有儿有家，对很多人都有责任，要过平稳自在的生活，就需要找到一套合适的理论指引，作为行动的基础。最后，他在众多理论中，选择了最传统、最学理化的道氏理论，从道氏理论开始，他掌握了稳健投资之道，但同时在稳健的基石上，掌握了其他极富挑战性、极为冒险的投资方法。一些学理比较少的理论，在道氏理论中找到了立足点，他知道什么时候应用，像亚当理论、相反理论和各种各样在不同情况下适用的投资技术。

多年之后，朋友和他的前辈一样，早就脱离了打工行列，自己做生意，同时继续投资，不单涉猎股市，还参与外汇市场、期货市场等，甚至从事各种冷门的投资。

现在，他已经有时间享受闲情，过自己喜欢的生活，这都是他善于股市投资的结果。有人说，股票让人破产。但股票实际并不让人破产，让人破产的是不善于投资、贪欲过度或是无知。朋友在股市并没有破产，反而因此发达了。

道氏理论是最基础也最科学化的投资理论，它让你善于把握牛熊两市的规律，这并非股票投资的全部知识，但却让你投资得更加有根有据，更有把握。

只要善于把握牛熊市，致富又有何难呢？

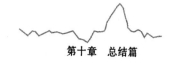
三、静待时机是制胜之道

（一）牛熊市是财富的大转移

股票市场之内，一个熊市转为牛市的转角市，如果能够把握好机会，在熊市低迷股价最低时入市买股票，当牛市重临、股价不断高升时，直至在牛市第三期，股市出现疯狂，股价大幅飙升，趁机会在高位回吐股票，获得的利润经常都可能是十倍、数十倍，甚至百倍以上。股票市场的牛市与熊市的转变，常常是财富大转移的时机。

以前，一个牛市往往维持三至五年，一个熊市常常一两年就完结。如此一来，十多年里可能已经有两个熊市，两个大牛市。如果可以在熊市最低位入货，在牛市最高位沽出，财富增加的比例是十分惊人的。一个什么都没有的人，可能在牛熊市的转势中，由贫变富，白手起家。

（二）道氏理论的启示，投资何须急于一时

从道氏理论我们可以知道，牛市与熊市一定是交替的，而且是不断地交替，从不会间断。大部分投资者却没有听到道氏理论的忠告，在牛市时期，特别是在牛市最疯狂的时期，自己也疯狂起来，疯狂地将资金投入股票市场，结果牛市完结以后，熊市一定会取而代之，投资者没有一个不被熊市所伤，有的甚至可以说是葬身于股票市场，一个股灾，就让他们无法再翻身。

但若我们对道氏理论有深入的体会，我们就应该明白，牛市狂升，此时股票的价格已经处于极高位。若之前并没有入市买股票，这时才

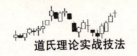

入市，已经太迟，在高位追涨不是明智之举。若牛市很快在人人疯狂之下完结，熊市将会取而代之的话，为什么我们不等待熊市来临，股市在极低潮的时候，在最低位买入股票？我们又何须急于一时？

以往的经验与实际的个案，我们印证到一个事实，就是股市并不会永远的升，也不会永远的跌。升升跌跌，就是道氏理论所讲的牛市、熊市互相交替，是必然的。在股市升得非常高时，还要进入股票市场买股票，根本不是什么理智的行为，相反，只是一种愚昧的行为，是对股市完全没有了解，连最起码的投资知识都没有的愚蠢之举。

(三) 一个熊市转牛市是致富机会

道氏理论给我们的启示，就是牛市之后一定是熊市，熊市之后一定是牛市。在牛市疯狂时期，反而是投资者应该冷静的时期。即便不是处于股市疯狂时期，只要我们可以有足够的耐性，静待时机，股市一定会有熊市出现。

牛市之时，人人疯狂，若我们能够不急于入市，静待熊市的来临。到熊市的时候，特别是熊市的第三期，人人自危，人人都对前景看淡，没有一个投资者对前景乐观的时候，反而是我们入市买股票时机，之后再等待牛市重临，股价越升越高的时候，沽出也不迟。只要有这样的恒心耐性，把握一两次这样的机会，一定可以让投资者致富。

道氏理论给我们一个非常重要的启示。由熊市转牛市，把握得当，就是投资者致富的大好机会。

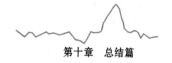

四、近百年来宏观因素的变化

（一）近百年来的世界发展

近百年来，无论是在政治上、经济上、军事上，还是在科技上、社会上，整个世界都发生了翻天覆地的变化。

股票市场是一个千变万化的市场，但无论怎样变化莫测，其升跌变化都是由各个宏观因素的变化而决定。我们投资股票市场应面对未来、预测未来，把握未来的机会。我们了解以往宏观因素的变化，会带给我们无穷的启示。

（二）政治上的变化

近几十年来，世界政治形势的变化非常大，其主要之点是：

（1）世界朝多极化方向发展。

（2）和平是主统，虽然没有世界大战，但地区冲突仍然不断。

（3）很多亚非拉国摆脱殖民统治，纷纷独立。

（4）中华人民共和国成立，实现改革开放，恢复行使香港及澳门主权。

（5）苏联解体，实现自由经济政策。

（三）经济上的变化

经济上的变化实在太多了。以股票市场而论，新中国 1949 年成立之后的很长时期没有股票市场。但到了 20 世纪 80 年代末期，中国改

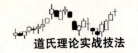

革开放，走市场经济路线，鼓励企业集资上市，中国的股票市场也应运而生。现在中国有深圳与上海两个证券交易所。将来可能还会设立更多的证券交易所。

1. 欧元一体化

在这百多年，欧洲曾经经历过两次规模十分大的战争，就是第一次与第二次世界大战。特别是第二次世界大战，亚洲、欧洲与美国，都卷入其中、20世纪80年代，以前的东德与西德合并，欧洲各国在经济上的联系也比之前紧密得多。20世纪90年代，欧洲就出现了货币一体化，贸易一体化。现在欧元已经逐步取代了以往欧洲各国本身的货币。而欧洲各国之间，已经将相互之间的关税与贸易限制全部撤除，形成一个庞大的经济统一体。

2. 美国经济持续强劲

虽说经过了两次世界大战，但美国的经济却在这百多年里独领风骚，一路保持强劲。在美国，许多大企业都是在这百多年来冒起的，比如可口可乐、福特汽车、通用汽车、美孚石油、美国钢铁公司、美国电话电报公司、沃尔玛集团、IBM、戴尔、微软以及思科，等等。由于美国经济保持强劲，美元更成了世界公认的通用货币。

3. 世界经济一路改善

虽说美国的经济在百多年来独领风骚，但其他国家或者地区的经济也一样急起直追。在金融风暴以前，中国香港、韩国、新加坡和中国台湾地区等都是经济实力不断膨胀。中国大陆的经济更让人刮目相看。整体而言，即便以前是很落后的国家或地区，在这百多年来，都有不同程度的改善。非洲第三世界的国家，现在经济也开始出现了很多改变，而且这些改变往往都是向好的方面发展。

4. 旧经济与新经济并存

百多年来，经济的进步出现了"新经济"与"旧经济"两个名词

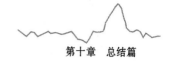

和两种现象。所谓旧经济指的是传统的企业，他们的经营方法、顾客的目标对象等都与以前大同小异，比如售卖书籍的，虽说在印刷上得到很大改良，但仍然与以前销售的渠道相差不多。售卖物业的公司，虽然显示采用了计算机化看楼盘，企业也制度化了，但依然都是买家看盘，之后决定买卖，与以往的手续差不多。其他的企业虽然运作上是进步了，但仍然与以前相差不远。这是"旧经济"的特色。

"新经济"则是高科技企业的发展结果。比如互联网业、最新的遗传工程行业、航天科技的行业等，都是高科技的运用。他们的经营手法与以前有很大相差，比如网上购物、电子商贸，就与以前顾客见到货品，之后选择是否购买，一手交钱、一手交货等很不相同。现在电子商贸打破了地域，打破了有实物、甚至是面对面讨价还价的旧式经济的商贸传统。互联网的存在，更使沟通可以毫无疆界的局限。

但旧经济因为其作用仍不可取代，所以现时新经济与旧经济就同时并存，各有其扮演的角色与功能。

（四）科技上的变化

1. 计算机的诞生

能够让近年来社会不断进步，经济不断改善，计算机的诞生是最主要的原因。若没有计算机，我们根本无法想象今日的社会将会是怎样。计算机的作用，我想已经无须详细解析，大家都应该知道。无论是商业、投资业、医药业、工程、数学、制药业、制造业、服务业以及生产各类货品，总之全世界任何活动，都因为计算机的诞生而得到了大大改进。科技让人类的生活得以进步，文明的步伐越来越加速。

2. 互联网等的面世

在计算机各种功能中，互联网的面世让不同疆界的人打破了沟通的界限。信息交流、商贸活动等都得以极速完成。

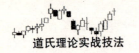

计算机科技已经将人类的距离逐渐拉近。

3. DNA 密码的识破

在医学上，科学家把多年来的一个谜，就是人类遗传的基因 DNA 的密码突破。现在科学家已经知道很多病毒，很多遗传因子，很多不同的物质，其 DNA 的组成是什么。科学家们已经明白怎样复制动物，甚至复制人。这种 DNA 的译码会让人类的生活、寿命、健康、人际关系以及疾病等的历史重新改写。

4. 太空科技越来越发达

自从美国宇航员第一次登上月球以后，太空科学家就一直进步，研究一直没有停下来。现在科学家们对天体的认识，对外层空间，特别是太阳系的八大行星的认识与了解已经深刻了很多。这些认识，将会为人类移居外层空间铺路。

（五）社会上的变化

1. 由农业社会变为工商业社会

自从工业大革命出现以后，农业就逐步被工业所取代、特别是 20 世纪，工业因为有了自动化、系统化、计算机的诞生与管理学概念上的进步，加上商业的兴盛，让很多国家或者地区的经济出现了很大改变，人民生活的进步，已经与以前落后的情况完全不同。

2. 科学知识取代旧观念

现在由于科学知识的普及，许多旧的观念被放弃。现代人看事物，很多都会从科学的角度去看，而不再那么盲目迷信。一个越是科技进步的国家或者地区，迷信应该会越没有市场。

3. 追求物欲的心越来越强烈

在现代社会，因为工商业已经高度发展，很多农村都变成了工业区，不少人由农民转变为在工厂工作，或者是在商业机构工作，和他

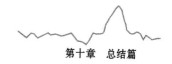

们以往在农村的朴素纯真的生活已经大不一样。现在社会的人，都比以前农村生活的人势利得多，追求物质生活的欲念也比以往强烈得多。过去百年来，许多成功的企业家，都是从什么都没有创造出很成功的大企业，比如中国香港长江实业集团的李嘉诚先生、美孚石油的洛克菲勒、美国钢铁大王卡内基、金融大王摩根、日本的三本集团以及印度尼西亚的林绍良先生等，都是因为个人斗志心极强且不断奋斗，以至于有非常大的成就。这也反映了在这些经济、科技、社会的变化之下，人类对物质与成就追求已经比以前强烈得多。

（六）这些变化和股票市场有什么关系

前面介绍了这百多年来一些宏观因素的重大变化，这与讲解股票市场的理论有什么关系呢？宏观因素的变化，其实与股票市场是息息相关的，原因如下。

1. 政治支配股市

一切股票市场的起落与政治分不开，政治越是平静无波，股市越是有利；政治越是动荡，股市越是不利。这已经是股票投资者的一种常识。我们要展望未来的股市，又怎么可以不了解政治这一个宏观因素怎样支配股市呢？

2. 经济影响股市

经济的起落循环对股票市场升跌产生强烈的影响。一个地方，经济越是繁荣，其股票市场的表现肯定会越好。相反，如果经济停滞不前的话，此地的股票市场也一样会像一潭死水，毫无生气。了解经济的变化与分析股市是不可分的投资工作。

3. 高科技产生了新的股票市场

如果我们了解了宏观因素的变化，知道近几十年来高科技的演变非常大、进步非常大，我们也就不会诧异为什么美国的"纳斯达克指

数"的重要性越来越高了。高科技的发展与进步，产生了股票市场内的新的市场，就是高科技股票的市场。

4. 社会人心的变化左右了股市上落

社会人心的变化其实也同样反映于股票市场的变化。现在买卖股票的人士一定比以前多，因为现在的社会不再是农业社会，而是工商业社会。人心对从商、对投资、对物质的追求和追求成功的心态比以前强烈得多。现在社会股票投资已经很普遍，也让股票市场的存在更显得有价值且有意义。

（七）股市投资理论与宏观因素的关系

我们这本书是讲"道氏理论"的，了解这百年因素的变化，与认识道氏理论又有什么关系？

1. 股市理论离不开推测宏观因素的变化

任何一个股市理论，都离不开推测宏观因素的变化，特别是经济的变化以及这些变化对股市走势的影响。道氏理论所讲的内容，其中一部分就是经济循环的上落让股市也出现循环的上落。了解了宏观因素的变化，读者们就能够了解为什么道氏理论会做出这样的立论，对股票市场走势会做出这样的推测。

2. 理论基于某些宏观因素的假定

每一个股票投资理论建立时都会有某种假设。理论会假定某些宏观因素的存在，或者是某些环境因素不变，然后看不同的环境因素变化之下，股票市场会做出什么样的响应。严格来说，道氏理论也是假设宏观因素不变之下，股票市场会出现一个既定的走势模式。但若这些宏观因素改变，道氏理论所讲的股票市场走势的既定模式就可能有修正的必要。

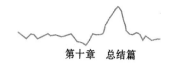

3. 宏观因素变化影响理论可信性、准确性与分析范围

因为股市理论是基于某些发现宏观因素的假定而设立的，如果宏观因素发生变化，理论也就要做出修订。如果股市投资理论无法与时俱进，根据变化的情况进行修正，那么无论是道氏理论还是任何其他理论，其准确程度都会在不同的宏观因素与这些因素变化之下受到影响。

因此笔者希望在这本书的最后一章，简单描述百年来宏观因素的一些变化，让读者们了解，股市投资理论，都会受宏观因素变化而影响其假设的正确性与理论本身的准确性及可信度。我们学习道氏理论时，应抱着"大胆假设，小心求证"的态度。

五、股市出现了百多年

（一）经济不断进步

在这一百多年来，世界经济已经与以往有很大的不同，无论经济制度，还是经济的发展都有了很大改变。经济的进步，对股票投资者关系十分大，可以分析如下。

1. 大企业的兴起

过去几十年来，由于经济的兴盛，世界各地有很多成功的企业诞生。他们都是因为企业领导人有远大的眼光，把握了经济发展的机遇，再加上他们个人的斗志与决心，创出了辉煌的业绩。比如，在中国香港有长江集团、和记黄埔、恒基兆业以及新鸿基地产集团等；在日本有三菱集团、新力集团等；在美国有标准石油、IBM、福特汽车、通

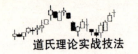

用汽车、通用电器、摩根家族、沃尔玛集团、可口可乐及百事可乐；在德国有西门子、拜耳集团；意大利有快意集团；瑞士有雀巢集团；韩国有三星集团、现代集团；等等。这些大集团，大部分都是股票投资者所需要注意的公司、大集团的一举一动，往往都可以使股价产生极大的波动。

2. 地区性经济的繁荣

大企业的兴起，背后原因之一就是地区性经济的繁荣。比如亚洲区，因为中国大陆、中国香港、中国台湾和新加坡、韩国、日本等的经济起飞，促使世界的投资者，特别是美国与欧洲的投资基金集团将有不少资金流入亚洲区，让亚洲区的股市曾经一度起了很大的升浪。虽然亚洲金融风暴使亚洲国家与地区也一度低沉，但在经济逐步复原之下，亚洲区再度繁荣之时，未来亚洲区也一定可以再度成为股票投资的焦点。

美国在一百多年来经济一路兴盛，使美国股票市场的体积变得很大。

3. 股票市场的建立

经济的兴盛，其中一个原因就是股票市场的建立让企业有一个渠道可以集取资金，然后扩大企业的业务，提高生产规模与生产效率。股票市场就这样在不知不觉中存在了百多年，最早的股票市场是在美国建立的。现在世界各地，只要是先进的国家或者地区，都会有股票市场。中国香港的股票市场也存在了 40 年。中国大陆也在二十多年前成立了股票市场，让企业得以上市集资，扩大运作的资本额。而投资者也有了一个很好的渠道，可以把自己的资金投入股市作保值与增值之用。

对投资者来说，百年来的经济发展，最感兴趣的就是股票市场的建立。

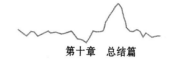

4. 投资工具的多元化与多样化

经济进步，金融市场就做出反应。单是股票市场，现在除了最传统的股票买卖以外，添加了很多衍生工具的买卖，比如认证股、期指、指数期权等。

随着经济繁荣，投资市场的投资工具也日新月异，投资者的选择也越来越多样化。也因为投资工具多样化，不同性格的投资者，都能够在股票市场之内找到适合他们性格倾向的投资工具，有人取短线，有人取长线，有人取高风险，有人取低风险。无论选择什么投资工具，股票市场都提供了适合不同投资者的投资机会，也让人们增加了成功的机会、致富的机会。

（二）股市是经济发展的寒暑表

在过去很多年，我们看到一个现象，就是经济的盛衰，在股票市场上的升跌都完全反映了出来。可以说，股票市场已经是经济盛衰的寒暑表。当经济繁荣，我们不需要找什么证据去证明，只要看一看股票市场正在不断上升、不断创出新高位，我们就明白此时是经济繁荣的时候了。当经济走下坡，我们也不必非要找什么分析数据，或者是以很复杂的方法去分析经济是不是走下坡，只要看一看股票市场，不断下跌，越跌越低，正在寻底，我们就明白经济正在衰退，甚至出现萧条。

股票市场是经济的一个寒暑表。经济好景，股市一定好；同时，股市好，经济也一定好。

（三）股市浪花淘尽多少英雄

股票市场存在百多年以来，不少投资者都进入股票市场，希望在股票市场中淘金。成功的个案有不少，比如美国的摩根家族就是以金

融投资、股票投资起家的。另外，又如肯尼迪家族，也是靠在 1903 年美国股市大崩溃、股价很低的时候购入股票，使其家族富裕起来，之后在政治和经纪商发挥很大的影响力。

即便不以这些名人为例，就算是普通人，也有不少在股票市场中掘到第一桶金，之后再在金融市场上或者从事实业生意等而致富的，这样的例子在我们的身边不胜枚举。

但是，这些年来，也有很多人的身家在股票市场中失去。一个股灾，足以让很多投资者葬身股海。在股票市场赔上身家性命、财产的也是难以计数。比如 1997 年的大股灾、2001 年的大跌市，当时有多少人因为看错股市走势而损失惨重的，我们无法估计。因为参与股票买卖的人，实在太多，多得超出想象。

（四）股市百年兴盛带给我们的思考

这百多年来，股票市场由于经济繁荣、社会进步，整体来说股票的价格是不断攀升的。但是这些年来，我们看过无数的新闻，有很多投资者由于在股票市场内投资失败，最后身败名裂、倾家荡产，有的甚至因为接受不了在股票市场失败的打击而结束了自己的生命，或因此而精神错乱。

我们不禁要问一问：既然股票市场在近百年来整体上是一路攀升的，那么为什么在这不断攀升的股市中，还是会有这么多投资者以失败而告终？为什么他们不能够在股票市场长远上升的形势当中投资成功？到底是投资者出现了问题？还是股票市场出现了问题？

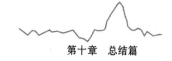
六、股市是参与人数最多的金融市场

（一）金融市场的种类

在全世界的金融市场里，有各种各样的投资市场。除了实业的地产市场不算是金融市场，投资者往往参与投资的市场包括有以下几种。

1. 外汇市场

外汇市场参与的人也非常多，比如当某些外币的存款利息很高时，就会吸引不少人买入该种货币，期望获取高息。这是一般买卖外币的投资方法。除了这种方法以外，对某些投资者而言，更加有吸引力并且大户的买卖都是以外汇合约作为买卖对象，即外汇展。

不过，外汇买卖的人数始终没有股票买卖的人数多。股票买卖的吸引力比外汇买卖的大得多，参与的人数也多得多。

2. 期货市场

与外汇市场相比，期货市场更是一个比较专业的投资市场。如果没有专业的投资知识，很难在期货市场里生存。期货买卖，如中国香港的恒生指数期货，上落之大，并非一般投资者可以承受，只有较专业的投资者，才可能会参与期货的买卖投资。

3. 债券市场

在美国，债券市场与股票市场鼎足而立，其重要性与股票市场一样，都是金融体系中一项极重要的融资工具与集资对象。虽然在中国大陆，债券投资的热潮与美国相差甚远，但债券依然是一种非常好的投资工具。

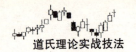

4. 黄金市场

以前，实物的黄金是一种很流行的投资工具，但随着投资工具的种类越来越多，黄金投资的重要性已经失色了不少，并且黄金的保值作用已大不如前，黄金市场的光彩已经今不如昔。

5. 股票市场

在各种金融市场中，我们可以看到一点，就是投资人最多的仍然是股票市场。虽然在这百多年来，股票市场曾经让一些人投资破产，甚至身败名裂、倾家荡产，不过，股票市场同样也曾经让很多人发达致富，名成利就，飞黄腾达，实现了不少追求成就的人的梦想。

（二）全世界参与人数最多的市场

现在来说，股票市场是各个金融市场当中参与人数最多的市场。香港特区这样的一个小地方，根据统计，参与买卖股票的人数就高达80万人。中国香港人口只有700万人左右，买卖股票的却有80万人，也就是说，9个人当中，就有一个人曾经买卖股票，这个数字可谓不小。

股票市场确实是一个吸引人的地方，只要进入股票市场，就会让人只想留在股市，不想退出。股票市场是一个能为你实现理想与梦想的地方。

（三）多人参与但赢家却少

目前股票市场参与的人数越来越多，已经是参与人数最多的市场，现在因为经济向好，不断吸引更多投资者进入。

不过，根据以前的一些统计数字，在股票市场，能够长期成功的投资者，能够长远获利的，仅占股市内的5%~10%，其他人都会在股票市场中亏蚀。

股票市场已经发展了这么多年，并且是顺利发展，股票长远来说

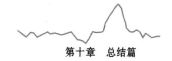

是不断攀升的，但为什么参与买卖的人，却大部分是输家？这个问题，如果投资者刚好也在股票市场内亏损过的话，就应该好好地反问自己。

七、股市散户人数多、资金少

（一）股市投资者可分为大户与散户

在股票市场投资的人，基本上来说是来自五湖四海，鱼龙混杂，什么人都有，如果简单地把投资人按实力分类，可以分为大户与小户。小户因为他们的资金并不集中。也并不是专业的投资者，只是偶尔买卖股票，而且是零零散散地分布，并不像一些专业的投资机构，因此在股票市场中被称为"散户"。

在股票市场里面，大多数都是散户，大户也就是专业人士所占的比例很少。

（二）散户的投资特色

在股票市场内，散户买卖时有什么特色呢？

1. 资金薄弱

散户的投资特色，第一是资金比大户们薄弱得多。有的大户，他们每手买卖可能是以亿元计算，甚至是数十亿元的入市。散户的买卖，数十万元已经算是不少的了，有的是数万元，有的甚至只有几千元。两者相差非常大。

更何况，大户入市以后，他们并不是一次把资金全部用完，他们

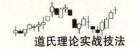

可能会有源源不断的资金。但散户买了股票以后，这笔资金可能是他们的全部资本，无论看中看错，他们最多也就是这些资本，遇到市场出现什么风浪，即便股票价格很低，还想买，他们可能已经无能为力了。

2. 信息较少

买卖股票是要借助市场上的信息的。我们总不能盲目的买卖，连市场正在发生什么也不去理会。不过，信息除了一些互联网上的资料与评论之外，并不都是毫无代价的。即便是看互联网上的资料，也需要时间。时间就是一种成本代价。但散户们是否可以腾出时间来分析却是一个问题。大户们则不同，他们可以聘用很多人手，甚至是整家公司都是分析人员。他们得到的信息一定会比散户们多得多。

3. 分析能力较低

通常情况下，散户们的另一个特点就是没有受过专业训练，不知道怎么分析股市的去向。股票市场并不是一个赌局，更不是像靠运气买大小一样，不是开大便是开小。要在股票市场中得到成绩，一定要花时间去努力分析。

大户因为资金多，他们不需要亲自分析，可以聘用专人，甚至一队人员去负责专门分析股的动向与走势，之后决定是买入还是卖出，什么时候入货，什么时候出货等。

但散户们却因为时间不多，白天要上班，更加因为没有接受过这方面的训练，他们的分析能力肯定会比大户们低得多。

4. 较难影响市场的上落

大户们，比如我们听说过的量子基金等，有时候在股票市场内所投入的资金竟然可以高达上百亿元。一个散户与他们相比，是地与天比。股票市场的升跌，其实就是看资金的流向。买入资金越多，股市就越会上升；沽家越多，股价就会下跌。大户们有影响股票价格的升

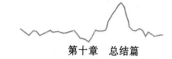

跌的能力，甚至有时候可以操控股票市场。特别是在一些股市容积较小的地区，比如中国香港，只要一些国际大户把一大笔资金放进市场，他们喜欢股市升，股市就升，他们喜欢股市跌，股市就跌。

散户们，就只能任由大户们影响股票市场的上落；对股市的上落，散户们却无能为力。

5. 经验较少，并不专业

买卖股票除了要分析以外，还需要投资战略、投资经验。大户们所聘用的人才都是经验丰富的专业人士，他们比散户们买卖有优势。散户们买卖股票，大部分都是道听途说，人云亦云。别人说有什么好消息，他们就无条件相信，就全部身家投入这只股票，看错以后，也不知道怎么应对。毫无实战经验，或经验不足。

6. 对投资理论的认识不多

虽然散户们在股票市场内占大多数，但他们对股票投资最弱的一环，就是对股市投资理论毫无认识，股市理论其实支配了一切股市投资的成绩。一位对投资理论毫无认识的投资者，也同样有可能在市旺之时赚到利润，但如果他懂得投资理论的话，他可能会赚得更多。同样的，在弱市时，专业的投资者也有亏本的可能，但如果对投资理论有认识的话，亏损就可能较少。

对投资理论的认识，让投资者能够更正确地制定投资战略，更知道应该怎样分析市势，能够把握市场的走势与升跌的动向。没有理论的认识，买卖股票只靠盲目的信心，失败的可能性非常大。

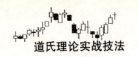

八、大户人数少、资金多

（一）大户只是少数

普通平民百姓，买卖股票的大有人在，他们一般都是散户。在人数上，散户的数目比大户多出很多，但在资金上，散户的资金值加起来，也可能没有一个或者两个大户的多。大户们财雄势大，在股票市场所发挥的影响力跟散户不可同日而语。

大户，指的是投资基金、国际大企业、银行、全球的富商，石油产出国家的皇室家族等。他们所持有的资金，甚至富可敌国。只要他们将资金入市，就有可能让股市风起云涌，甚至出现大变天。

（二）大户占尽优势

虽然在股票市场中大户们人数上相对较少，但他们却比散户们占有更大的优势，原因如下。

1. 资金雄厚，左右股市

大户们的资金十分雄厚。比如，在 1997 年和 1998 年冲击亚洲金融市场，造成亚洲金融风暴的索罗斯，就是其庞大的资金，以数百亿美元计算。在亚洲的股票市场、货币市场中买上买落，让亚洲一些国家的股市大跌、货币大跌。

类似这类型的大户，他们就有能力左右股票市场的走势。散户与大户们，根本就没有比较的余地。

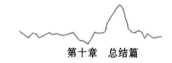

2. 信息来源快而准

大户的优势更在于他们对股市信息的吸收很快，他们都有特别信息的渠道，比普通人知道得快。就是这快一步，使他们无论在入市或是出市时，都可以在较低价买入，较高价沽出，从而增加他们的利润，并降低风险。

况且，大户们的信息在准确度方面，由于有专人负责分析，肯定会比散户们更精确，他们的胜算也比散户们不知道要高出多少倍。

3. 联手出招，势不可当

大户们有时会以合作形式在股票市场内增加他们的实力，以希望支配着股市的升跌而从中获利。当多个大户联手时，他们的影响力绝非等闲，要股价升跌更是易如反掌，势不可当。

4. 分析判断力强大

由于大户们资金雄厚，他们有能力聘用最资深的分析人员、最有经验的专家、受过专业训练的投资高手等去分析与部署投资战略。他们在股票市场上的赢面一般比输面要大得多。股票市场并不是一个赌场，并不等同买卖大小，胜算只有50%。在股票市场上，分析越深入、资金越雄厚、在战略上部署越周密，失误的机会就会越少，胜算的机会也就越大。

大户们就有这种优势。

5. 有理论的支持

与散户们相比，大户们还有一个比较明显的优势，而且是极其重要的一点，就是大户们在买卖的时候都有理论的基础，支持他们在什么时候做买卖，买卖的数量多少，是一次买入，还是分段买入，什么时候应该买，什么时候应该卖，怎么去把握低买高沽的时机。这一点是散户们最欠缺的。

九、散户怎样可以和大户角力

(一) 跟风

作为一个普通的散户，怎样与大户们角力呢？大户们有大量的资金，也有众多投资分析人员、专家、投资高手坐镇，还有准确并且快速的信息，有投资战略，懂得股市的发展情况，更加有正确的投资理论作为入市与出市的准则。要与大户们角力，散户们能否螳臂当车呢？

在股票市场上，一样有一些散户在买卖股票时表现得十分出色。他们的投资成绩与大户们相比并不逊色，甚至一些个人投资者，他们的投资表现比大户们有过之而无不及。这是什么原因呢？

第一个方法就是跟风。大户们怎么做，散户们也怎么做。大户们看好买入，散户也看好买入；大户们看淡沽货，散户们也看淡沽货。又比如散户们听到有什么比较可信的内幕贴士，也一样可以跟风。当然，要确定的就是这些是可信的贴士，不是街上人人都知道的那种贴士。洞悉大户们的买卖方向，看他们怎么买卖，自己就怎么买卖，这就是散户不会输给大户的方法。

(二) 要留有余地

散户们在买卖股票时，一定要留有余地，一定不要把全部资金一次投入。有时候，大户们最喜欢在股票市场里做手脚，兴风作浪。比如大市本来是升得很有姿势的，却突然之间就大跌，这可能是大户们在"震仓"，此时散户们若走避不及，就会损失惨重。如果一次把资金

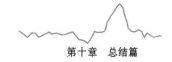

完全投入，想在低位再买多一些也就无能为力。而大户们却可以在低位趁低吸纳，因为他们最不缺的就是资金。

散户们要与大户们角力，一定要手中有足够的资金，一定不要一次全部投入，等到一有机会出现，股市大跌，就能够在低位买入，将来一定会有可观的收获。相反，如果一次把全部资金投入，出现大动荡，例如股灾等情况时，散户们就会全军覆没，想再翻身可能就没有机会了。这样的投资，又怎能与大户们角力？

（三）买入基金

散户们在股票市场，若自己的投资技巧不如人，不懂得投资战略，对股票市场又没有足够的了解，对买卖的方法、分析的过程、图表走势的认识、投资理论等一窍不通，这种情况下，要与在股票市场内兴风作浪的大户们斗，简直是不知死活、以卵击石的行为。此时的散户就应该要有自知之明，应该了解到大户们的强项与自己的弱项，两者相差实在太远。这时就不宜自己亲自入市买卖，因为技不如人，亲自入市买卖，结果往往只会是一败涂地。

这样的散户们，如果要与大户们角力，根本是不可能的。此时，散户们倒不如买入股票单位信托基金，让有专业的基金经理们为投资者筹谋，这样的话，总比散户们自己盲目地买卖胜过百倍。

（四）对市场有深入认识

如果散户们认为自己有天分、有才华，并且学识也不错，认为自己落场亲自买卖、入货出货，是一种刺激，一种挑战，这样的话，投资者想与大户们角力。就一定要对股票市场有深入的认识。即便现在可能仍然没有真的很了解股票市场的运作，但从现在开始，多阅读有关这方面的资料，这方面的书籍，多研究、多学习，就可以将自己充

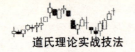

实，让自己对股票市场的运作了如指掌。只有做到这个地步，才有可能会在股票市场与大户们比高下。

（五）对股市战略、形态、分析指标要全盘掌握

除了懂得股票市场的运作情况外，散户们更应该对股市投资的一切战略有非常深入的认识，对股票市场可能出现的各种形态与各种形态之下买卖时要注意的重点，各种基本分析指标与技术分析方法，要做到滚瓜烂熟，知道在不同市势下买卖股票应该怎样去应对。

其实，无论任何散户，只要是入市买卖股票，而不是通过专业的投资基金代为投资，都必须要对股票市场的运作、制度，入市前的分析，包括基本分析、技术分析及所有分析指标，不同市势、不同形态、投资战略等，有很深入并且透彻的认识。这样才能成为股市中的胜利者。只是片面、肤浅的认识，根本就不是成事，甚至可能是成事不足败事有余。

（六）懂得投资理论

最后，散户们要与大户们角力，还一定要认识股市的投资理论。这是最最重要的一点。没有对投资理论的认识，而且是深入的认识，在股票市场中往往就会技逊一筹，很难把握到股市上落时错综复杂的变化。如果没有理论的基础，那么一切投资的形态、战略、分析工具与分析指标都只会变得物无所用。股票市场中有理论认识的投资者，一定会比对股市理论毫无认识的投资者优胜多了。

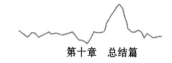

十、认识股市理论是制胜之道

（一）股市理论是什么

认识股市投资理论是散户们与大户们争一日之长短，甚至有时投资成绩比大户们更优的有力保障。但是，在认识投资理论以前，我们一定需要了解什么是股市投资理论。如果连股市投资理论的特色也不知晓，空谈股市投资理论对股票买卖的帮助，将会于事无补。股市投资理论是什么呢？下列的文字可以解析股市投资理论。

1. 投资专家们的心得

股市理论，第一指的是投资专家们的心得。这些专家都受过投资的教育，很多更是学识高超的投资者。况且，他们往往都会在股票市场内有多年的买卖经验，而且绝大多数都是全职的投资者，每天都对着股票市场，对股票市场的运作全部了解透彻。他们更因为对股市有深入的了解，并且愿意花时间做统计、分析研究，就发展出一些学理，变为股市投资理论。而这些股市理论，就是他们对股市多年来买卖所累积的投资心得，是一套很好的买卖方法，很容易获得利润与减低风险，把到股市的胜算大大提高。

股票理论是专家们的心得，这些理论告诉一些投资者在投资股票时应该怎么做，它是有指示性的，教投资者在不同情况下应该是买入还是卖出，分析当前是什么市势，扮演者应该扮演的角色是什么等，并不仅仅是纯概念的认识，而是让投资者明白在不同情况之下，应该怎样应对。这些都是原则性的，股市理论就包含了这些原则。

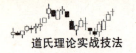

2.有体系，有步骤，有应对应用范围

股市投资理论是有体系的认知系统，即有详细地对股市各种形态的分析，计算出股市升跌的方法、比率，分析指标等的学问等，并非是些杂乱无章的认知。股市投资理论有很多个步骤，教投资者第一步、第二步，等等，应该怎么做，让投资者在一个比较清楚明确的指示下进行股票买卖，无论是长线还是短线，都能够从中获得更高利润。

股市理论往往会有其应用的范围。不同的理论应用于不同的投资工具。在时间上，有的理论适合长线投资、有的教投资者作短线买卖。总之，不同的股市理论，其适应范围各不相同。

3.有假设，有结论，有统计成功比率

不同的理论对不同的情况做出不同设定，而在不同的假定之下，理论就提出投资的过程、方法，怎么应对不同的市势，投资者应该买入还是卖出，股市会升还是会跌，浪顶浪底将会在哪里。做出了这些预测以后，每一个理论都会有结论，提出重要的提示，要投资者怎么做。依照投资理论的指示，投资者长期运用这些理论，在股票市场内的胜算就一定可以大大提高。

这些专家们的投资心得，是经由他们多年的观察，经过多次买卖实验的结果，都是有统计数据的，并不是空谈。

(二) 理论的特色

股市投资理论，还有以下特色。

1.数目不少

如果要数一数股市投资理论究竟有多少，应该很难做出一个完全统计。因为有的理论很详细、很深入，有的却很简单。简单的理论，专家们不承认它是一个投资理论，只把它看成一种买卖方法。是否被接受为投资理论，没有一个完全的共识。但如果把股市投资理论的范

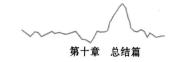

围放得宽一点，不要执着有很高深的学理才算是理论的话，则数目不少，何止千百。

2. 各个理论的应用范围都不相同

股市投资理论的另一个特色就是每个理论所应用的范围都未必相同。有的理论是专用来分析认证股，有的专门作为期指买卖。有的则是讲股市整体大市；有的是讲投资者的心态，有的推测市场的升幅跌幅，甚至高位低位；有的是教人长期投资应该买入什么股票，有的则是教人短线炒卖之时怎样快速获利与离市；等等。总之，各个股市理论应用的层面与范围都不相同。

3. 有深有浅

股市理论的深浅程度也不一样。有的理论是以数学公式、一大堆数字作为理论的解析，若没有大学程度的数学基础，可能会无法了解个中的内容。但有的理论却是概念上的认识，只要懂得文字，就能够掌握到这个理论的内容。

但并不是说纯数学的理论就一定比纯概念的理论强，其实两者各有千秋。一些很优秀的投资理论，都是概念性的，并不一定需要很多纯数学的认识。即便是概念性的股市投资理论，深浅也各不相同。有的概念很深奥，有的却极为浅薄，很容易学习到。

4. 各有优点与缺点

每一个股民投资理论都不可能是完美无缺的。如果有一个股市理论是完美无缺的话，那么懂得这个理论的投资者就会变成股市内的常胜将军，但没有人可以做得到。最先进的科学也仍然有其缺陷的地方，更何况股市投资理论？

股市理论各有不同的假设，这些假设有时多多少少都会与实际情况有些偏差，因此也就会有不准的情况，不可能百分之百都准确。否则，了解这个理论的人，岂不是要变成世界首富了？

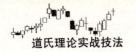

（三）股市理论的作用

1. 知道买卖股票的步骤系统

股市理论的作用，第一点就是凭借对理论的认识，我们能知道买卖的过程，知道应经过什么步骤才会是成功的投资。怎么买卖，什么时候买卖，在理论指导之下，都会有一个系统，有次序、有程序、有条不紊。不会随意想买就买，而是要在不同的指定条件之下，不同准则之下，指导投资者入市或是出市。

投资者，特别是散户，失败的原因往往就是买卖股票之时，多是随自己的喜好，想买就买，想卖就卖，毫无准则，毫无原则，没什么基础，没有问自己一句，这是最佳的买卖时机吗？这是最佳的买卖价位吗？买卖分析应该是这样的吗？还有非常多的问题，投资者都没有考虑过，没有理论的支持，随意买卖，往往都只会是失败。

2. 知道投资者应扮演什么角色

有理论的支持，投资者会知道在股票市场应充当什么角色。通常情况下，投资者所扮演的角色不外乎三种，一是买家，二是卖家，三就是旁观者：暂时不买也不卖，静待时机。每一个投资理论都会教投资者所采取的立场应该是什么。

做股票投资，除了买就是卖，但并不一定是每天都要买卖，有时理论会告诉我们此时并非做买卖的好时候，投资者应该等待，等到市场的情况变得明朗时才做买卖。但无论采取什么立场，投资理论都会有所指示。

3. 知道什么时候进，什么时候退

除了指导投资者什么时候应该入市、出市或是静待时机以外，股市理论更会指导投资者什么时候应该更勇进，筹码投资额可以加大一些，甚至再投入更多资金，而什么时候需要较保守、退缩。应进则进，

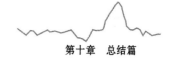

应退则退，投资理论都会有所指示。

4. 提高胜算

既然投资理论会告诉投资者何时应该入市，何时应该出市，又让投资者明白投资买卖股票应该有什么系统化的步骤，投资者应扮演的角色等，那么就会把投资者的股票投资思维完全改写，使之获得全面性的提高。当你认识股市理论越深的时候，你的投资"功力"就会越强。

有了这样的投资"功力"，而且在认识理论越是深入之时，功力越发强劲之下，投资者自然就可以提高投资胜算。一个股票市场的投资人，是成是败，是胜是负，大部分情况下取决于他们对股市理论的认识程度。越是对股市理论有所认识，投资的胜算越大。

（四）股市理论和制胜之道的关系

我们可以总结一句，就是认识股市理论是在股票市场内散户们的自保之道，是可以和大户角力的筹码。对股市投资理论毫无认识的投资者，想与大户们角力，是自不量力的行为。对股市理论毫无认识的投资者，失败的可能一定会比对理论认识深入的投资者更大。

认识且深入地认识股市投资理论，是在股票市场投资成败的关键。

（五）应该从哪一个股市理论入手

股市理论，博大精深，任何一个理论都可以深入研究，任何一个理论都有其作用，也有其优点，当然也有其缺点。

不过，在所有股市理论中，只有一个是所有股市理论的先河，也就是第一个股市理论"道氏理论"。自从这个理论出现以后，股票市场的其他理论才随之出现。

若投资者想深入学习一个有实际用途、可以提高投资智能，让自

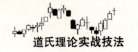
己买卖股票的时候赢面提高、减低风险的理论，那首先就要认真学习研究"道氏理论"。

道氏理论是在股市里任何投资者都必须要认识的理论。有非常多的投资者可能都听说过这个理论，不过对其内容却未必有深入的认识。

本书详细讲解了道氏理论的来龙去脉，理论内容、假设、理论特色与应用范围，以及怎样让投资者提高投资胜算、减低损失的机会等内容。

如果你之前对道氏理论没有什么认识的话，那么现在看完这本书，你的投资眼界、你对股票市场投资的思维空间一定开阔多了。

参考文献

［1］（美）罗伯特·雷亚. 道氏理论［M］. 何平林，孙哲译. 天津：天津社会科学院出版社，2012.

［2］陈东. 道氏理论——股票市场分析的基石（修订版）［M］. 北京：中国经济出版社，2007.